DIE FEENHARFE

DIE FEENHARFE

Märchen-Bilder aus England

Fotografien von Richard Shirtcliffe

Herder Freiburg · Basel · Wien

Literaturnachweis

Die Frau aus dem See, aus: Frederik Hetmann, „Roter Drache, grünes Tal". © 1986 by Fischer Taschenbuch Verlag GmbH, Frankfurt am Main.
Binsenkappe, aus: „Englische Volksmärchen", herausgegeben von K. Briggs und R. Michaelis, erschienen im Eugen Diederichs Verlag, München.

Übersetzung

Anne Rademacher: Jack und der Bohnenstock.
Irene Roelen: Die Piskies; Tom Däumling.
Monika Schlitzer: Zwei Monde im Mai; Silberstreif und Wurzelgrund; Die Feenharfe; Butterblume; Der begrabene Mond.
Sabine Schulte: Cherry aus Zennor; Der schwarze Stier.

Reproduktionen: Scan-Studio Hofmann GmbH, Freiburg
Herstellung: Freiburger Graphische Betriebe 1991
ISBN 3-451-22315-5

Vorwort

Sind die Märchen der Britischen Inseln anders als die des Kontinents? Wer die vorliegende Sammlung liest, wird sowohl Bekanntes wiederentdecken als auch fremde Variationen oder ganz und gar Unbekanntes sehen. Tom Däumling zum Beispiel ist natürlich ein Verwandter von Daumesdick und ist als Märchenwesen wohl in mehreren Erdteilen anzutreffen. Die englische Variante scheint aber leichter und lustiger daherzukommen als die Grimmsche. Dagegen ist „Jack und der Bohnenstock" ein Märchen ohne direktes Gegenstück, zumindest im deutschen Sprachbereich. Gewiß entstammen die britischen Märchen ebenso dem großen Strom indoeuropäischen Erzählens und Sprechens vom Wunderbaren, von Gefahren und Verheißungen wie die Märchen des Kontinents.
Viele Märchenmotive und -figuren finden sich hier wie dort: Aschenputtel, Dornröschen, Schneewittchen zum Beispiel. Aber die geographischen und historischen Bedingungen sind auf den Britischen Inseln anders und haben das Märchen und die Formen der Überlieferung beeinflußt. Mehrere Eroberungen und Besiedelungen - durch Kelten, Römer, Angelsachsen, Skandinavier und Normannen - haben das Erzählgut mitgeschaffen. Von den keltischen Randgebieten her hat immer wieder eine Erneuerung und Befruchtung des Erzählens stattgefunden. Die keltische Tradition und Phantasie - in den schottischen Highlands, in Irland, Wales und Cornwall - war (und ist) so reichhaltig, daß man demgegenüber oft die Armut des eigentlichen englischen Märchens beklagt hat. In den ökonomisch rückständigen Randgebieten hielt sich die mündliche Überlieferung besonders lange und hat an der Vielfalt der Märchen einen besonderen Anteil.
Der ausgefeilten Erzähl- und Dichtkunst irischer Barden und den alten Traditionen von Wales, die bis ins 6. Jahrhundert zurückgehen, hat England kaum etwas Entsprechendes gegenüberzustellen. Aber in England entstand dafür seit der elisabethanischen Zeit ein ausgeprägtes Interesse an Volksüberlieferung, Märchen, Sage und Brauchtum. Das 17. Jahrhundert ist die Zeit eines entstehenden Geschichtsbewußtseins, und so wenden sich mehr und mehr Menschen der Vergangenheit zu, in der sie den Werdegang der eigenen Kultur verfolgen und sich als geschichtliche Wesen erkennen. Märchenhafte Stoffe werden wiederentdeckt und gesammelt.
Neben den Sammlern sind es die Dichter, die das Märchen wiederbeleben, indem sie Märchenstoffe literarisch verarbeiten und auf die Bühne bringen, wie zum Beispiel Shakespeare im *Kaufmann von*

Venedig oder im *König Lear,* der im übrigen eine deutliche Verwandtschaft mit dem Märchen „Binsenkappe“ aufweist.

Die Elisabethaner wenden sich auch einer Erscheinung zu, an der das britische Märchen besonders reich ist: Es sind die *fairies,* von denen sich der englische Ausdruck für Märchen, *fairy tale,* ja ableitet. Damit sind aber nicht nur Feen gemeint, sondern Wesen einer Welt, die neben der unseren existiert; sie sind höchst unterschiedlichen Charakters, menschlich und menschenfern zugleich. Es können Baum- und Blumengeister ebenso sein wie Kobolde, Gnome, Riesen, Elfen, Elben oder Wichtelmännchen. Sie können als Helfer wie als Spötter, zur Freude und zum Ärgernis der Menschen auftreten und an bestimmten Tagen des Jahres – zum Beispiel am Johannistag oder am Michaelstag – ihren Zauber entfalten. Das Streichespielen liegt ihnen sehr – und vielleicht lassen sich hier die Anfänge des englischen Humors finden. Sie können aber, wenn sie gekränkt werden, auch dämonische Kräfte entwickeln. Volkskundler haben eine eigene Geographie der *fairies* aufgezeichnet: In Cornwall beispielsweise dominieren die Riesen, in Wales die Wassergeister und Elfenfrauen, in Schottland die *Brownies*, in Mittelengland freundliche Kobolde.

Der Puritanismus und die Wissenschaft der Neuzeit taten das Ihrige, um den alten Glauben zu diskreditieren und die *fairies* auszutreiben. Dagegen bildete die Romantik eine Gegenströmung und entdeckte in jenen Wesen Erscheinungsformen einer verdrängten geistigen Welt. So nahmen denn Kobolde und Gnome wieder allmählich ihre vom Volksglauben bezeugte Farbe und Fülle an.

Märchen waren zunächst Erzählungen für Erwachsene. Mit der Einführung von Schulbildung und Druckwesen und im Zuge der neuzeitlichen Rationalität überhaupt sanken diese Erzählungen in die Kinderstube ab. Die Romantik, als Reaktion auf die Aufklärung und die Industrialisierung, kultivierte dagegen kindliche Werte und brachte das Märchen den Erwachsenen in Form phantastischen Erzählens, an dem Großbritannien besonders reich ist, zurück.

Märchen sind über die Jahrhunderte wichtige Vehikel und Denkformen gewesen, die andernfalls verlorengegangen wären. So konnte der Sinn für das, was über den Alltag hinausgeht, für Hoffnung, Verheißung, für eine verborgene geistige Welt, für Gerechtigkeit, in Geschichten überliefert werden. In England wie anderswo enthält das Märchen ein Versprechen – auf eine reichere und tiefere Form der Existenz. So zieht es, wie Ernst Bloch einmal schrieb, „uneingelöst, also unveraltet durch die Zeiten“. In jedem Nacherzählen und Wiederlesen wird deutlicher, was eigentlich uneingelöst am menschlichen Leben ist; und solange Menschen sich vom Wunderbaren erzählen, ist noch nicht alles verloren.

Elmar Schenkel

Zwei Monde im Mai

Mein Großvater erzählte oft die Geschichte vom alten Sammy und der alten Nanny, zwei guten ehrlichen Leuten, die in der Nähe von Pitminster lebten. Sie hatten einen kleinen Hof mit einem Morgen Weideland, einem Morgen Mais und einem kleinen Gemüsegärtchen. Alles, was sie besaßen, waren eine Kuh, ein Schwein, zwei, drei Hühner und ein Esel, der die Körbe nach Taunton zum Markt brachte. Aber viel hatten sie ohnehin nicht zu verkaufen, ein paar Eier, ein wenig Butter, Grünzeug aus dem Garten, Beeren und einige Äpfel. Aber sie waren bekannt für ihre Strickereien, und die Leute kauften bei ihnen immer ihre Strümpfe, so daß sie so recht und schlecht ihr Auskommen hatten. Doch man kann ja nie wissen, was das Wetter macht. Zu Großvaters Zeiten war es jedenfalls anders als heute.

Am ersten Mai sagte der alte Sammy: „Heute Nacht ist Vollmond.“ „Dann ist es besser, wenn ich nicht hinausschaue, solange sie hier sind“, sagte die alte Nanny. Aber sie war klug genug, keine Namen zu nennen.

Dann sagte der alte Sammy: „Und am 31. wird auch wieder Vollmond sein.“

„Das ist schlimm“, sagte die alte Nanny. „‚Zwei Monde im Mai, kein Mais, kein Heu.‘ Aber irgendwie werden wir uns schon behelfen.“

Der Regen ließ das Heu verfaulen, und was nicht verfault war, mußten sie zum Trocknen über Bäume hängen. Der Mais stand im Regen, bis er anfing zu schimmeln. Aber sie behalfen sich, so gut sie konnten. Es gab keine Pflaumen, und die Himbeeren faulten, und die Sau zog nur fünf statt zwölf Ferkel auf. Die Strümpfe sicherten ihnen gerade so das Überleben, doch bald hatten sie kein Geld mehr, um Strickwolle zu kaufen. Der Zahltag für die Pacht rückte näher, sie mußten ihre Sonntagskleider verkaufen, und es hörte immer noch nicht auf zu regnen. Dann mußten sie den alten Esel und die Kuh und ihr Kalb verkaufen, damit sie die Pacht bezahlen konnten und noch einige Schillinge hatten, die ihnen über den Winter reichten. Die alte Nanny saß an ihrem kleinen Herdfeuer und schluchzte: „Ich kann heute Nacht nicht einmal eine Schale Milch vor die Tür stellen.“ Denn sie hielten sich an die alten Bräuche. „Das ist das erste Mal, seit wir verheiratet sind.“ Der alte Sammy ging für sie zur Quelle hinunter, damit sie wenigstens frisches Wasser hinausstellen konnten. „Sie werden schon Bescheid wissen und uns nicht böse sein“, dachte er.

Auf einmal sah er mitten auf dem Weg drei Beutel liegen. Einer war blau und prall gefüllt, der zweite war rot und kleiner und nur halb voll und das dritte war ein hübsches grünes Beutelchen, das leer schien. Der alte Sammy rief Nanny herbei, aber sie konnte sich nicht darüber beruhigen, daß sie ihre Kuh hergeben sollte. Sie packte ihm die letzten Äpfel und zwei Paar Socken zusammen, und er ging auf den Markt. Nach einer Weile hörte die alte Nanny auf zu weinen, molk die Kuh, striegelte den Esel, denn übermorgen war Zahltag, und keines von beiden wäre mehr da. Dann nahm sie die drei Beutel und verwahrte sie unter dem Strohdach, bis jemand kommen würde, um sie einzufordern. Als Sammy nach Hause kam, sagte er: „Ich habe die drei Beutel ausrufen lassen, und es haben sich viele gemeldet, die die Eigentümer sein wollten, aber keiner war der Richtige."

Die alte Sal Slack, die schwarze Hexe, war mit ihm gekommen und kreischte immer wieder: „Die Beutel gehören mir."

„Was für ein Wort steht auf den Beuteln?" fragte die alte Nanny.

„Harum Scarum", sagte Sal.

„Fort mit dir", sagten sie und warfen sie hinaus.

Dann kam ein Wilddieb und verlangte die Beutel, aber er sagte, es stehe „Schwarzer Mann" auf ihnen, und so schickten sie ihn auch wieder fort.

Als die beiden Alten wieder traurig an ihrem armseligen Feuer saßen, klopfte ein grüngekleideter Fremder an. „Ich komme, um meine Beutel abzuholen", sagte er freundlich. Mein Großvater sagte, sie hatten gleich Vertrauen zu ihm, aber sie fragten ihn dennoch, welches Wort auf den Beuteln stehe. „Keines", sagte er, und sie wußten, er war der Richtige. „Aber ich lasse sie Euch heute noch hier, weil ihr gestern Milch vor die Tür gestellt habt, und morgen früh gehe ich zum Verwalter wegen der Pacht." Am nächsten Morgen stand der grüngekleidete Fremde wieder vor ihrem Tor und lächelte ihnen zu.

„Jetzt bringt gleich den alten Esel auf die Weide. Er könnte mir im Wege sein. Gebt mir die drei Beutel, und kommt nicht nach Hause, ehe die Sonne über der Ulme steht."

Und das taten sie dann auch und ließen den Fremden mit der Kuh und den drei Beuteln zurück.

Der grüngekleidete Fremde setzte sich auf die Bank vor dem Haus und stellte die Beutel in einer Reihe neben sich. Dann kam der Verwalter auf seiner alten klapprigen Mähre daher. „Ich komme, um die Pacht abzuholen", sagte er, und der grüngekleidete Fremde zeigte auf den dicken blauen Beutel. „Dort ist sie", sagte er. „Zählt es nur gleich ab." Der Verwalter zählte das Gold, nur die eine Münze, die zuviel war, die hat er wohl vergessen zu zählen. „Es stimmt so ungefähr, sagte er eilig und wollte gehen, aber der grüngekleidete Fremde ließ ihn unterschreiben, daß er die Pacht für ein Jahr bekommen hatte. Dann kam der Pfarrer auf einem stämmigen Reitpferd daher. „Was ist mit meinem Zehnten?" fragte er und

nahm den roten Beutel mit, aber auch er mußte eine Quittung unterschreiben.
Und als die Sonne hoch über der Ulme stand, verabschiedete sich der Fremde von Sammy und Nanny: „Hier ist das grüne Beutelchen“, sagte er. „Niemand hat es zurückgefordert. Und vergeßt heute abend die Milch nicht.“ Und damit ging er fort. Es schien fast so, als hätte er sich in Luft aufgelöst. Der Himmel klarte auf einmal auf. „Jetzt wird es uns auch wieder besser gehen“, sagte die alte Nanny. „Aber außer der Milch haben wir nichts im Haus! Vielleicht können wir ja das grüne Beutelchen verkaufen, es ist doch ganz hübsch.“ Aber als sie es in die Hand nahm, spürte sie, daß eine Münze darin war. Sie hofften, es sei ein Sixpence, aber es war eine ganze goldene Guinee.
An diesem Abend konnten sie sich satt essen und ein gutes Feuer anzünden. Als sie das Beutelchen fortlegen wollten, bemerkten sie, daß noch eine Guinee darin war. Und seitdem ist es nie leer geworden.
Mein Großvater erzählte, der Verwalter hätte am nächsten Morgen nichts als gelbes Moos in dem blauen Beutel gefunden, und als der Pfarrer unter seinem Bett nach dem roten Beutel sah, fand er ihn ganz und gar verkohlt.
Aber der alte Sammy und die alte Nanny litten seitdem nie mehr Not.

Die Frau aus dem See

Hoch in den Black Mountains im Süden von Wales liegt ein liebliches Gewässer, genannt Llyn y Fan Fach. Auf einem Bauernhof nicht weit vom See lebte in alten Zeiten eine Witwe, deren einziger Sohn auf den Namen Gwyn hörte. Als der Junge herangewachsen war, wurde er von seiner Mutter geschickt, um nach dem Vieh auf der Weide zu schauen. Die Stelle, an der das beste Gras wuchs, lag nahe dem Seeufer, und dorthin strebten die Kühe jeweils, wenn man ihnen ihren Willen ließ. Eines Tages nun ging Gwyn am Ufer entlang und sah den Rindern zu, die das kurze Gras abweideten, als er zu seinem Erstaunen in dem klaren, spiegelglatten Wasser in einiger Entfernung vom Land eine Frau wahrnahm. Sie war das schönste Geschöpf, das er je zu sehen bekommen hatte. Sie kämmte ihr langes Haar mit einem goldenen Kamm, und die Wasseroberfläche diente ihr dabei als Spiegel. Er stand wie erstarrt am Ufer, sah zu ihr hin und wußte auf der Stelle, daß er in sie verliebt war. Dabei streckte er, ohne sich dessen recht bewußt zu werden, ihr das Stück Gerstenbrot und den Käse hin, die Mahlzeit, die ihm die Mutter mitgegeben hatte, ehe er von daheim fortging. Die Frau bewegte sich auf ihn zu, schüttelte aber dann, als er seine Hand nach ihr ausstreckte, den Kopf und rief:

„Oh du mit dem Gerstenbrot,
Es ist nicht so leicht, mich zu fangen.“

Darauf tauchte sie unter und war verschwunden. Bekümmert ging er heim und erzählte seiner Mutter von dem, was er gesehen hatte. Als sie über die seltsamen Worte nachdachten, welche die geheimnisvolle Frau ausrief, ehe sie verschwand, kamen sie zu dem Schluß, daß mit dem frisch gebackenen Brot ein Zauber verbunden sein müsse. Da riet die Mutter dem Sohn, das nächste Mal, wenn er zum See gehe, etwas ungebackenen Teig mitzunehmen.
Am nächsten Morgen, ehe die Sonne über den Kamm des Gebirges stieg, war Gwyn mit dem Teig in der Hand am Ufer und wartete begierig darauf, ob die Frau aus dem See aus dem Wasser aufsteigen werde. Die Sonne ging auf, und ihre warmen Strahlen vertrieben die Nebel, die an den Abhängen lagen. Stunde um Stunde wartete der junge Mann am Ufer, aber nichts war zu sehen als die leichte Kräuselung, die eine Brise hervorrief, und das Blitzen der Sonnenstrahlen zwischen den kleinen Wellen. Am späten Nachmittag überkam den jungen Mann Verzweiflung, und er war gerade im Begriff fortzugehen, als plötzlich die Frau aus dem lichtsprühenden Wasser auftauchte. Sie dünkte ihm noch schöner als

beim ersten Mal, doch dann dachte er an den Teig, den er mitgebracht hatte, und streckte ihn ihr entgegen. Wieder schüttelte sie den Kopf und rief ihm zu:

„Du mit dem feuchten Teig,
Dich will ich nicht haben."

Ehe sie wieder ins Wasser untertauchte, warf sie dem Jungen einen Blick zu, daß seine Liebe zu ihr noch mehr wuchs. Auf dem Heimweg tröstete ihn in all seiner Traurigkeit der Gedanke an ihr Lächeln und die Hoffnung, daß, sofern sie nur noch einmal erscheine, sie sein Geschenk nicht ablehnen würde. Er erzählte seiner Mutter wieder, was geschehen war, und da die Frau sich geweigert hatte, von ihm gebackenes Brot und ungebackenen Teig anzunehmen, riet sie ihm, es das nächste Mal mit halbgebackenem Brot zu versuchen. In dieser Nacht tat er kein Auge zu, und lange vor Anbruch des neuen Tages lief er mit halbgebackenem Brot in der Hand zum Ufer des Sees und schaute ungeduldiger denn je auf die Wasserfläche hin. Die Sonne ging auf. Es begann zu regnen, aber der junge Mann ließ die Augen nicht von der Oberfläche des Sees. Der Vormittag wurde zum Nachmittag, der Nachmittag neigte sich dem Abend entgegen, und nichts anderes sah er als die unzähligen Wassertropfen des Regens auf dem See. Die Schatten der Nacht begannen zu fallen, und Gwyn wollte schon voller Enttäuschung wieder heimgehen, als er einen letzten Blick auf den See warf und zu seinem größten Erstaunen bemerkte, daß einige Kühe aus dem Wasser auftauchten. Es dauerte danach nicht lange, da sah er auch die Frau. Sie schien ihm begehrenswerter denn je, und er geriet fast außer sich vor Freude. Seine Erregung nahm noch zu, als sie sich allmählich dem Land näherte, und er watete ins Wasser, um ihr entgegenzugehen, und streckte dabei das halb durchgebackene Brot aus. Lächelnd nahm sie es und folgte ihm auf die Wiese. Zuerst war er sprachlos und starrte sie nur an. Dann sah er, daß ihr rechter Schuh auf merkwürdige Weise gebunden war. Schließlich fand er die Sprache wieder und sagte:
„Schöne Frau, ich liebe dich mehr als alles auf der Welt, und ich möchte, daß du mich heiratest."
Zuerst wollte sie davon nichts hören. Als er sie aber weiter mit seinem Antrag bedrängte, versprach sie schließlich, seine Frau zu werden, jedoch nur unter einer bestimmten Bedingung.
„Ich werde dich heiraten", sagte sie, „und ich werde so lange bei dir bleiben, bis ich von dir dreimal grundlos geschlagen werde. Wenn du mich das dritte Mal wirst geschlagen haben, werde ich dich für immer verlassen."
Er rief, das werde nie geschehen, eher werde er sich eine Hand abschlagen, als sie plötzlich wieder davonlief und im See untertauchte. Seine Bestürzung und Enttäuschung waren so groß, daß er sich das Leben nehmen wollte. Er stieg auf einen hohen Felsen über dem Wasser und wollte sich von dort hinabstürzen, als er jemanden sagen hörte:

„Nicht so eilig, junger Mann. Komm einmal her."
Er wandte sich um und sah am Ufer des Sees in einiger Entfernung einen bärtigen alten Mann stehen, der von zwei jungen Mädchen begleitet wurde. Der Bauernsohn stieg vom Felsen herab. Er zitterte am ganzen Leibe. Der Alte kam auf ihn zu und sagte nun recht freundlich:
„Sterblicher, du willst also eine meiner Töchter heiraten. Ich bin damit einverstanden, wenn du mir zeigen kannst, welche von den beiden es ist, die du liebst."
Gwyn sah die beiden Frauen an. Sie glichen einander in Statur, Aussehen und Schönheit völlig, und er konnte nicht den geringsten Unterschied zwischen ihnen bemerken. Die Vorstellung, daß er die Falsche wählen und so seine Liebste für immer verlieren könnte, trieb ihn fast zum Wahnsinn. Er war schon fast entschlossen, sich seiner Verzweiflung zu überlassen, als eines der beiden Mädchen vorsichtig ihren einen Fuß ein wenig vorschob. Die einfache Bewegung entging der Aufmerksamkeit des jungen Mannes nicht. Er schaute auf den Fuß und sah, daß sie den Schuh auf jene besondere Art gebunden trug, die ihm aufgefallen war. Entschlossen trat er vor und ergriff ihre Hand.
„Du hast recht gewählt", sagte der alte Mann. „Sei ihr ein freundlicher und liebender Ehemann, und ich will ihr als Mitgift soviel Schafe, Rinder, Ziegen, Schweine und Pferde geben, wie sie zählen kann, ohne dabei Atem zu holen. Aber denke daran: Wenn du sie dreimal grundlos schlägst, wird sie zu mir zurückkehren."
Gwyn war überglücklich und schwor, daß er sich lieber beide Hände abschlagen werde, als seine Frau auch nur einmal zu schlagen. Der alte Mann lächelte, wandte sich seiner Tochter zu und forderte sie auf, die Zahl der Schafe auszuzählen, die sie mitzunehmen wünsche. Sie zählte jeweils bis fünf, und dies so oft, bis sie erneut Atem holen mußte. Sofort tauchten so viele Schafe, wie sie gezählt hatte, aus dem Wasser auf. Darauf hieß sie ihr Vater abermals zählen, und nun erschienen schwarze Rinder. Auf dieselbe Weise zählte sie die Ziegen, Schweine und Pferde, und als all das Vieh aufgetaucht und an Land getrottet war, verschwand der Alte mit seiner anderen Tochter.
Die Frau aus dem See und Gwyn heirateten und bezogen ein Gehöft, welches Esgair Llaethdy heißt, und dort lebten sie viele Jahre. Sie waren so glücklich, wie Menschen nur sein können. Alles gedieh ihnen, und es wurden ihnen drei Söhne geboren. Als das älteste der Kinder sieben Jahre alt war, fand in der Umgebung eine Hochzeit statt, zu der Nelferch – dies war der Name der Frau aus dem See – zusammen mit ihrem Mann eingeladen wurde. Als der Tag des Festes herankam, brachen die beiden auf und liefen über eine Wiese, auf der ihre Pferde weideten. Da kam es Nelferch ein, daß es doch ein recht weiter Weg sei, und sie sagte, sie wolle lieber nicht hingehen.

„Wir müssen dorthin“, sagte ihr Mann, „und wenn es dir zum Gehen zu weit ist, kannst du ja auf einem der Pferde reiten. Fang dir nur eines ein. Ich geh' unterdessen noch einmal nach Haus und hole dir Sattel und Zaumzeug.“

„Gut“, sprach sie, „aber bring mir auch meine Handschuhe mit. Ich habe sie vergessen, sie liegen auf dem Tisch.“ Der Mann ging ins Haus, und als er mit dem Sattel, dem Zaumzeug und den Handschuhen zurückkam, sah er zu seinem Erstaunen, daß sie sich nicht von der Stelle gerührt hatte. Da wies er auf die Pferde, gab ihr mit den Handschuhen einen leichten Schlag auf den Arm und sagte:

„Nun geh schon.“

„Dies war der erste grundlose Schlag, den du mir versetzt hast“, sagte sie mit einem Seufzen und erinnerte ihn an die Bedingung, in die er eingewilligt hatte, als er sie heiratete; die er unterdessen fast vergessen hatte. Viele Jahre danach waren sie auf einer Taufe. Alle Gäste waren ausgelassen und lustig, da brach Nelferch plötzlich in Tränen aus und schluchzte jämmerlich. Gwyn schlug ihr leicht auf die Schulter und fragte sie, was sie denn habe.

„Ich weine“, sagte sie, „weil dieses arme, unschuldige Kind so schwach und hinfällig ist, daß es auf dieser Welt keine Freude kennen wird. Schmerzen und Leiden werden seine kurzen Tage auf dieser Erde ausfüllen. Und kaum geboren, wird es der Tod schon wieder einholen. Du aber, Mann, hast mich eben zum zweiten Mal grundlos geschlagen.“

Von da an bemühte sich Gwyn bei Tag und bei Nacht, nur nichts zu tun, was als Bruch jenes Versprechens hätte gelten können, das er vor seiner Heirat gegeben hatte. Er war so glücklich mit Nelferch und seinen Kindern und wußte, daß es ihm das Herz brechen würde, wenn er durch einen Zufall ihr den dritten Schlag versetzen sollte. Kurz nach der Taufe starb das kleine Kind, wie Nelferch es vorhergesagt hatte. Gwyn und seine Frau gingen zum Begräbnis, und mitten in all der Trauer brach Nelferch in lautes Gelächter aus. Alle sahen sie erstaunt an. Ihr Mann war so bestürzt darüber, daß er sie anstieß und ihr zuraunte: „Still, Frau? Was gibt's da zu lachen?“

„Ich lache“, erwiderte sie, „weil das arme kleine Kind endlich von seinen Schmerzen erlöst ist. Aber nun hast du mich zum dritten Mal geschlagen, und ich muß fort.“

Sofort brach sie nach Esgair Llaethdy auf, und als sie auf dem Gehöft ankam, rief sie ihr Vieh und all das andere zusammen, indem sie ein jedes beim Namen nannte. „Du braune Kuh und du gefleckte, du mit dem weißen Gesicht. Du graue Geigen mit dem weißen Bullen vom Hof des Königs und du kleines schwarzes Kalb dort am Haken, kommt alle her zu mir. Wir müssen jetzt heim.“ Alle Tiere gehorchten sofort ihrem Befehl. Und das kleine schwarze Kalb, obwohl es doch geschlachtet vom Haken herabhing, wurde wieder lebendig und folgte ihr auch, zusammen mit den Schafen, Ziegen, Schweinen und Pferden. Dies geschah im Frühling, und auf einem der Felder pflügte ein Knecht mit vier Ochsen. Denen rief sie zu: „Ihr vier grauen Ochsen dort auf dem Feld, kommt auch ihr mit, wir müssen jetzt heim.“ Und mit all dem Vieh überquerte sie den Kamm des Gebirges und verschwand mit den Tieren in den Fluten des Sees. Die einzige Spur, die blieb, war eine Furche, die der Pflug gemacht hatte, welchen die Ochsen noch hinter sich her schleppten, als sie in den See hineinwateten. Und die kann man sehen bis auf den heutigen Tag.

Gwyn brach das Herz. Er folgte seiner Frau zum See, klagte und jammerte, und am Ende stürzte er sich an einer tiefen Stelle ins Wasser und fand den Tod. Auch die drei Söhne klagten um die verlorene Mutter und wären beinahe dem Beispiel des Vaters gefolgt. Tagelang strichen sie um den See, bis endlich ihre Liebe belohnt wurde, denn plötzlich stand Nelferch vor ihnen. Sie erklärte ihnen, daß es ihre Aufgabe auf Erden sei, den Schmerz und das Elend der Menschen zu lindern. Sie führte sie zu einer Stelle, die immer noch Pant y Meddygon genannt wird, und dort zeigte sie ihnen bestimmte Pflanzen und Kräuter und unterwies sie in der Kunst des Heilens.

Dank dem, was sie von der Mutter gelernt hatten, wurden sie die geschicktesten Ärzte im ganzen Land. Rhys Grug, Herr von Llandovery und Dynevor, verlieh ihnen Titel und übereignete ihnen Land bei Myddfai. Und dort übten sie ihre Kunst aus und halfen allen, die zu ihnen kamen. Der Ruf der Ärzte von Myddfai verbreitete sich über ganz Wales und blieb über Jahrhunderte hinweg auch ihren Nachfahren treu.

Cherry aus Zennor

Der alte Winbroome lebte mit seiner Frau und seinen Kindern in einem Häuschen aus Granit, das nur zwei Zimmer und einen Dachboden hatte. Es stand auf der felsigen Seite des Tales, das zum Zennor Head hinunterführte. Das alte Paar hatte ein halbes Dutzend Kinder, und alle waren in dem abseits gelegenen Häuschen geboren und groß geworden. Die Familie lebte recht und schlecht von einigen Morgen Land, auf denen sie ein paar Ziegen, ein Schwein und sechs Gänse hielt. An den meisten Tagen gab es Fisch und Kartoffeln zu essen und sonntags fast immer Schweinefleisch und Fleischbrühe. Zu Weihnachten und zum Zennor-Fest hatten sie immer einen Gänsebraten und sogar Weißbrot mit Butter dazu.

Im ganzen Kirchspiel gab es keine gesündere und glücklichere Familie als die des alten Winbroome, und die gesündeste und glücklichste und hübscheste unter ihnen war sicherlich die Tochter Cherry. Man sagte, sie könne so schnell laufen wie ein Hase, und sie hatte nichts als Scherze und Unfug im Kopf. Doch als sie nun allmählich zu einem jungen Mädchen heranwuchs, wurde sie unzufrieden, denn Jahr für Jahr hatte die Mutter ihr ein neues Kleid versprochen, damit sie so hübsch gekleidet wie die anderen Mädchen nach Morvah auf den Jahrmarkt gehen könne. Aber jedes Jahr, wenn der Festtag kam, konnte die Mutter wieder nur den Kopf schütteln. Sie seien zu arm, sagte sie, um sich solchen Luxus zu leisten. Vielleicht nächstes Jahr.

Als Cherry sechzehn war, hatte eine ihrer Freundinnen aus dem Dorf ein neues Kleid, mit seidenen Bändern besetzt. Sie erzählte Cherry, daß sie in Nancledra zur Predigt gewesen war und daß die Jungen sich gestritten hatten, wer von ihnen sie nach Hause bringen durfte. Nun war es mit Cherrys Geduld vorbei, und sie ging schnurstracks zu ihrer Mutter und sagte ihr, sie wolle nach Trewey Hill oder New Mill oder vielleicht sogar nach Gulval gehen, um sich dort eine Stellung zu suchen, denn sie wollte auch gerne so hübsche Kleider haben wie andere Mädchen. Die Mutter flehte sie an, doch nur bis nach Towednack zu gehen, damit sie Cherry vielleicht am Sonntag hin und wieder sehen könnte.

„Nein, nein!“ sagte Cherry. „Niemals will ich in einem Ort leben, wo die einzige Kuh so ausgehungert ist, daß sie in der Kirche den Glockenstrang aufgefressen hat, und wo sie sogar am Festtag und zu Weihnachten nur Fisch und Kartoffeln und Aalpastete zu essen haben!“

Am nächsten Morgen schnürte Cherry ihre wenigen Habseligkeiten zu einem Bündel zusammen und nahm Abschied von ihren Eltern. Ihr alter Vater meinte, sie müsse von allen guten Geistern verlassen sein, und ermahnte sie, gut auf sich achtzugeben, damit sie nicht von Matrosen oder Seeräubern verschleppt würde. Dann küßte er sie auf die Stirn und ließ sie ziehen.
Cherry trug ihre Kleider in ein rotes Tuch gebunden an einem Stock über der Schulter. Während sie das Tal hinaufstieg, sah sie nur einmal zurück, dann folgte sie dem Weg, der sie nach Gulval und zu ihrem Glück führen sollte.
Als Cherry die Lady Downs, wie man das Hochmoor nennt, erreichte, hatte sie schon ein bißchen Heimweh, und so setzte sie sich unter den Wegweiser, der zur einen Seite nach Gurnard's Head und zur anderen nach New Mill zeigte, und mußte ein wenig weinen. Als sie ihre Tränen getrocknet hatte, sah sie einen vornehmen Herrn auf sich zukommen, obwohl sie kurz zuvor noch in alle Richtungen meilenweit über das Moor geschaut und nur eine Eselin mit ihrem Füllen entdeckt hatte.
Der vornehme Herr wünschte Cherry einen guten Morgen und erkundigte sich, wohin sie an diesem schönen Tag mit ihrem Bündel unterwegs war.
„Ich bin auf der Suche nach einer Stellung, damit ich mir ein wenig Geld zusammensparen kann, denn ich möchte mir ein schönes neues Kleid kaufen, so wie man es in Penzance trägt", sagte Cherry mit einem kleinen Knicks und senkte dabei die Augen.
„Mit soviel Glück hatte ich gar nicht gerechnet", sagte der vornehme Herr. „Heute morgen bin ich von zu Hause fortgegangen, um mich nach einem netten, sauberen Mädchen umzusehen, das mir den Haushalt führen könnte, und schon hab' ich es gefunden!"
Dann erzählte er Cherry, er sei kürzlich Witwer geworden und habe einen lieben kleinen Sohn, den Cherry in ihre Obhut nehmen sollte. Sie sei genau das Mädchen, das er suche. Sie sei hübsch und sauber, und er könne sehen, daß ihre Kleider so ordentlich und geschickt geflickt worden seien, daß man kaum sagen könnte, wo die Flicken anfingen und wo sie aufhörten. In dieser Art sprach er weiter, und die arme Cherry konnte zu alldem nur „Ja, Sir! Ja, Sir!" sagen, denn die vielen langen, schwierigen Wörter, die er gebrauchte, verstand sie gar nicht.
Dann brachen sie auf, und der vornehme Herr sprach weiter so freundlich mit Cherry, daß sie nicht merkte, wie die Zeit verging und wie weit der Weg war, den sie zurücklegten. Sie wanderten nun schmale Straßen entlang, an denen die Bäume so dicht standen, daß kaum noch ein Fleckchen Sonnenlicht durch das Laub fiel. So weit das Auge reichte, sah Cherry nur Bäume und Blumen. Der Duft von Heckenrosen und Geißblatt erfüllte die Luft, und die schönsten, reifen roten Äpfel hingen zum Pflücken bereit an den Zweigen. Ein Bach mit

kristallklarem Wasser floß über den Weg, und im Nu hatte der vornehme Herr Cherry den Arm um die Taille gelegt und sie hinübergehoben, so daß kein Tröpfchen Wasser ihre Schuhe benetzte.
Dann standen sie plötzlich vor einer niedrigen Gartenpforte, und der Garten dahinter war so schön, daß Cherry kaum ihren Augen traute.
„Meine liebe Cherry, wir sind da. Hier wirst du leben."
Nie zuvor und nirgendwo hatte das Mädchen etwas so Schönes gesehen, wie dieses wundersame Fleckchen Erde, Blumen in allen Farben und Größen drängten sich um sie herum, und Früchte aller Art warteten darauf, geerntet zu werden. Selbst die Vögel schienen so süß zu singen, wie sie es noch nie gehört hatte, und als der vornehme Herr die Pforte öffnete, damit sie eintreten konnten, klang es, als würden sie einen wahren Jubelgesang anstimmen. Cherry hatte ihre Mutter von verzauberten Orten sprechen hören, und sie war sicher, daß dies ein solcher sein mußte.
In diesem Augenblick erschien ein Kind. Es war ein kleiner Junge von etwa drei Jahren, der den Gartenweg entlang auf sie zu lief. Seine Augen strahlten, und sein Blick war so durchdringend, daß Cherry ihn nicht ertragen konnte und zu Boden sehen mußte. Sie dachte, nun müsse sie ihren kleinen Schützling begrüßen, aber bevor sie noch etwas sagen konnte, kam polternd und stolpernd ein gräßliches altes Weib aus dem Haus, packte das Kind am Arm und zog es mit sich fort. Gleichzeitig warf die Alte Cherry einen Blick zu, der sie wie ein Pfeil zu durchbohren schien. Der Herr, der bemerkt hatte, daß Cherry plötzlich ganz ängstlich wurde, erklärte ihr, die alte Frau sei die Großmutter seiner verstorbenen Frau und würde nur so lange bei ihnen bleiben, wie Cherry brauchte, um ihre Arbeit zu lernen. Nicht länger, denn sie sei alt und mürrisch und müsse gehen. Der Junge würde sie Tante Aggie nennen.
Murrend und brummend tat Aggie nun, wie ihr geheißen wurde, und bereitete ein schmackhaftes Abendessen, dem Cherry tüchtig zusprach, obwohl sie viele der Speisen, die auf den Tisch kamen, nicht kannte. Anschließend führte Aggie sie in die Kinderstube, wo sie bei dem kleinen Jungen schlafen sollte, und gab ihr strenge Anweisung, unter keinen Umständen während der Nacht die Augen zu öffnen, gleich, ob sie schliefe oder nicht, denn sie könnte Dinge sehen, die ihr nicht gefallen würden. Weiter sagte sie, Cherry dürfe während der ganzen Nacht nicht mit dem Kind sprechen. Bei Tagesanbruch müsse sie aufstehen, mit dem Jungen zu einer Quelle im Garten gehen, ihn dort waschen und dann seine Augen mit einer Salbe bestreichen, die sie in einem Kästchen aus Kristall in einer Felsspalte bei der Quelle finden würde. Auf keinen Fall dürfe Cherry ihre eigenen Augen mit der Salbe berühren.
„Und was soll ich als nächstes tun?" fragte Cherry. Die Alte erklärte ihr, daß sie das Kristallkästchen

genau dorthin zurückstellen müsse, wo sie es hergenommen habe, und daß sie dann die Kuh rufen solle.
„Die Kuh rufen?"
„Das geht so, du Dummchen!"
Die alte Hexe schnalzte mit der Zunge, und Cherry mußte es auch probieren. Dann sagte die Alte ihr, sie solle zuerst einen ganzen Eimer voll melken und danach noch eine Schale voll für den Jungen zum Frühstück.
Am nächsten Morgen weckte Cherry den kleinen Jungen gleich nach Tagesanbruch und nahm ihn mit in den Garten, wie die Alte es ihr befohlen hatte. Die Quelle entsprang einem Granitfelsen, der mit Efeu und schönen Moosen bewachsen war, und dort wusch Cherry den Jungen und suchte dann nach dem kristallenen Kästchen. Es war genau an der Stelle, die Aggie ihr beschrieben hatte. Cherry hob den Deckel ab und rieb dem Jungen in jedes Auge ein wenig von der hellgrünen Salbe. Dann sah sie sich nach der Kuh um. So weit das Auge reichte, war keine Kuh zu sehen, aber Cherry folgte der Anweisung der alten Frau und schnalzte mit der Zunge, ganz so, wie sie es am Abend zuvor geübt hatte. Plötzlich erscholl hinter den Bäumen ein „Muh", und eine große weiße Kuh schritt langsam auf sie zu. Sie hielt gehorsam still, während Cherry sie molk. Zumindest versuchte Cherry, sie zu melken, doch kaum hatten ihre Hände das Euter berührt, als die Milch wie von selbst in vier Strahlen herausfloß, und innerhalb weniger Augenblicke war der Eimer voll. Dann füllte Cherry die Schale für den Jungen, und er trank seine Milch ohne ein einziges Wort des Dankes. Kaum hatte er ausgetrunken, da nickte die Kuh mit dem Kopf und ging gemächlich fort und verschwand wieder zwischen den Bäumen.
Aggie hatte für Cherry das Frühstück bereitet, und während sie aß, erklärte die Alte ihr, daß sie in der Küche zu bleiben und dort ihre Arbeit zu verrichten habe. Sie solle die Milch abkochen, Butter machen und alle Teller und Schüsseln mit Wasser und Sand säubern. Sie dürfe in kein anderes Zimmer im Hause gehen, und vor allem dürfe sie nicht versuchen, abgeschlossene Türen zu öffnen
So verging die erste Woche. Mit einem Auge sah Tante Aggie auf ihr Strickzeug, und mit dem anderen durchbohrte sie die arme Cherry, oder so jedenfalls fühlte sie sich. Ab und zu brummte die Alte etwas vor sich hin und murrte dann: „Ich wußte, daß Robin eine dumme Liese aus Zennor mitbringen würde. Lieber gar keine als die da."
Cherry und ihr Herr jedoch verstanden sich ausgezeichnet. Sie arbeiteten zusammen im Garten, ernteten Äpfel und Birnen, die nachzuwachsen schienen, sobald man sie abgepflückt hatte, und jäteten das Unkraut in den Blumenbeeten. Aggie war eifersüchtig, so viel war sicher, und eines Tages schlug sie Cherry mit einem Besenstiel auf den Rücken, obwohl das Mädchen nichts falsch gemacht

hatte. Der Zufall wollte es, daß im selben Augenblick ihr Herr um die Hausecke kam. Sofort zog er das alte Weib fort.

„Pack deine Sachen, du alte Hexe! Du gehst nach Nancledra zurück."

Nun war Cherry die Herrin des Hauses, und ihr Herr war so freundlich und liebevoll, daß ein ganzes Jahr wie ein Sommertag verging. Manchmal verließ er das Haus für eine ganze Woche, und wenn er dann zurückkehrte, verbrachte er viel Zeit in den Räumen, die Cherry bei sich die verzauberten Zimmer nannte und die sie nie betreten hatte. Dann konnte sie ihn sprechen hören, aber die Worte verstand sie nicht, sosehr sie sich auch bemühte.

Eines Tages, als ihr Herr nicht zu Hause war, beschloß Cherry, die Zaubersalbe auszuprobieren. Sie wußte, daß es eine Zaubersalbe sein mußte, denn der Blick des kleinen Jungen war durchdringend, und in seinen Augen war ein seltsames Funkeln. Cherry wusch den Jungen, strich ihm Salbe in die Augen, molk die Kuh und schickte ihn dann fort, er solle am anderen Ende des Gartens Blumen pflücken. Sie hatte das Kristallkästchen noch in der Hand, und kaum war das Kind außer Sichtweite, da steckte sie ihren kleinen Finger hinein, nahm ein wenig Salbe und strich sie sich in ein Auge. Zuerst dachte sie, das Auge würde ihr aus dem Kopf brennen, so groß war der Schmerz. Sie hielt sich eine Hand vor das Auge und lief zu dem Teich unterhalb des Felsens. Dabei rieb sie sich aus Versehen auch in das andere Auge etwas von der Salbe, worauf auch dieses Auge brannte wie Feuer. Doch als sie die Augen mit Wasser benetzte, ließen die Schmerzen nach.

Und als Cherry nun ins Wasser blickte, sah sie am Grunde des kristallklaren Teiches ein ganzes Dutzend winziger kleiner Leute, die vergnügt miteinander spielten – und da war auch ihr Herr, so klein wie die anderen, und spielte mit. Alles sah jetzt anders aus. Überall waren kleine Leute, sie spielten zwischen den Blumen Verstecken, schaukelten in den Bäumen und liefen und sprangen über die Grasbüschel. Viele der kleinen Damen waren schön gekleidet und mit Gold und Diamanten geschmückt. Wo Cherry auch hinsah, tummelten sich die kleinen Leute, und jetzt konnte sie ihr Geplauder hören und ihre Sprache verstehen. Sie folgte einer Gruppe kleiner Damen, die sich von der übrigen Gesellschaft getrennt hatten, um, wie sie sagten, anderen Schmuck anzulegen. Cherry sah, wie sie an einem glänzenden schwarzen Stein am Fuß der Granitmauer ankamen, und sie hörte deutlich, wie eine der vornehmen kleinen Damen sagte:

Stein, Stein, schwarzer Stein,
Öffne dich, laß uns hinein.
Trencrom!

Kaum hatte sie das letzte Wort gesprochen, da schob sich der Stein mit einem lauten Knacken auseinander und gab eine Höhle in der Mauer frei, die blinkte und glitzerte und funkelte vom Widerschein unzähliger goldener und silberner Schmuckstücke und Edelsteine. Cherry hielt den Atem an, als sie sah, wie die kleinen Damen eine nach der anderen in der Höhle verschwanden. Kurze Zeit später erschienen sie wieder. Einige trugen jetzt Perlenketten, während andere damit beschäftigt waren, sich Ohrringe aus Diamanten und Rubinen anzustecken. Als die letzte herausgekommen war, drehte sie sich um und sprach:

Stein, Stein, schwarzer Stein,
Schließ den Schatz wieder in dir ein.
Trencrom!

Und mit einem Knacken schob der Stein sich wieder zusammen und verschloß den Eingang zur Höhle. Währenddessen sagte Cherry immer wieder die Zaubersprüche vor sich hin, denn sie wollte sie auswendig lernen, damit sie eines Tages vielleicht ebenso schönen Schmuck tragen könnte wie die vornehmen Damen aus Penzance. Ihr Herr zeigte sich den ganzen Tag nicht, aber als es Abend wurde, war er plötzlich wieder da. Er hatte sich in seine Menschengestalt zurückverwandelt und begrüßte Cherry, als sei überhaupt nichts geschehen. Als er ihre Augen sah, schien er einen Augenblick lang zu stutzen, aber Cherry lächelte nur und deutete auf den Tisch, den sie zum Abendessen gedeckt hatte, und er sagte weiter nichts.

Am nächsten Morgen verschwand er wieder. Er war gekleidet, als wolle er zur Jagd gehen, aber Cherry sah, wie er sich wieder mit den schönen kleinen Damen auf dem Grund des Teiches vergnügte. Diejenige, die Cherry bei sich die „Königin“ nannte, schien er besonders gern zu mögen, und als Cherry sah, daß er sie küßte, spürte sie, wie sie eifersüchtig wurde, und nun wurde ihr klar, daß sie in ihren Herrn verliebt war. Als es Abend wurde, war er plötzlich wieder zu Hause. Er verzehrte still sein Abendbrot, und Cherry unterbrach sein Schweigen nicht, dann ging er fort zu den geheimnisvollen Zimmern. Kurz darauf schlich Cherry ihm nach bis zu der Tür, hinter der er verschwunden war. Sie konnte Musik und Gelächter hören, und weil sie von der Zaubersalbe genommen hatte, konnte sie alles verstehen, was gesprochen wurde, und wurde fast wahnsinnig vor Eifersucht, und weinend ging sie zu Bett.

Am nächsten Tag blieb ihr Herr zu Hause und pflückte Obst, aber als er sich umwandte, um Cherry den gewohnten Morgenkuß zu geben, brach sie in Tränen aus und sagte ihm, er solle doch gehen und die kleinen Leute küssen, mit denen er sich unten im Wasser und in den verzauberten Zimmern vergnügt hatte.

„Du hast von der Salbe genommen!“

Daraufhin ließ Cherry den Kopf hängen, und ihr Herr wurde rot vor Zorn. Sosehr sie ihn auch anflehte, bleiben zu dürfen, er bestand darauf, daß sie nach Hause zurückkehren müsse.

Er gab ihr zwei Stunden Zeit, um ihre Sachen zu packen, und mit einem Fingerschnippen entzog er sich ihren Blicken.
Als die Uhr die Stunde schlug, war er wieder zurück, und weil er das traurige Gesicht des Mädchens sah, ließ er sich erweichen und sagte, nun würde zwar vorerst die alte Aggie zurückkommen, aber eines Tages, wenn Cherrys Zeit der Verbannung vorbei sei, werde er sie vielleicht wieder auf dem Moor, oben auf den Lady Downs, treffen. Dann schenkte er ihr ein Bündel mit Kleidern, die so fein waren wie die der kleinen Leute, aber wunderbarerweise hatten sie genau Cherrys Größe, so daß sie ihr paßten wie angegossen.
Sie brachen zusammen auf und wanderten viele Meilen, immer bergauf über Feldwege und schmale Pfade. Als sie schließlich auf die Ebene kamen, küßte der Herr Cherry auf die Stirn und sagte, sie müsse zwar für ihre Neugier bestraft werden, aber er wolle die Strafe nicht so hart machen, daß er sie niemals wiedersehen würde. Vielleicht würde er sie eines Tages wieder mit zurück in den schönen Garten nehmen. Nachdem er so gesprochen hatte, verschwand er.
Die Sonne stand hoch am Himmel, Cherry saß auf einem Granitstein, und ringsherum war meilenweit keine einzige lebende Seele zu sehen. Lange, lange saß Cherry dort in ihrem Kummer, bis sie sich schließlich auf den Heimweg machte. Ihre Eltern hatten sie schon lange für tot gehalten, und als sie bei Einbruch der Dämmerung die Tür zu dem kleinen Häuschen öffnete, dachten sie zuerst, Cherry sei ihr eigener Geist.
Als Cherry sie schließlich überzeugt hatte, daß ihre totgeglaubte Tochter tatsächlich wieder vor ihnen stand, waren sie außer sich vor Freude. Die ganze Familie versammelte sich um Cherry, und sie mußte ihre Geschichte erzählen. Den Zauberspruch jedoch, der die kleine Höhle mit dem Gold und den Edelsteinen öffnen konnte, ließ sie aus.
Cherry gehorchte ihren Eltern und war brav und folgsam, nur in mondhellen Nächten hüllte sie sich in ihr Tuch und stieg den Trewey Hill hinauf bis zu den Lady Downs. Manchmal sah man sie dort auf dem Granitfelsen unter dem Wegweiser sitzen, der nach Gurnard's Head und nach New Mill zeigte. Vor Tagesanbruch war sie immer wieder zurück. Ihre Mutter wartete ängstlich auf das Knarren der Haustür.
Und dann, auf den Tag genau ein Jahr nach Cherrys Heimkehr, so sagte man jedenfalls, knarrte die Haustür nicht, und von jenem Tag an bis heute wurde Cherry nicht mehr gesehen.

Silberstreif und Wurzelgrund

Es waren einmal zwei Bäume, Silberstreif und Wurzelgrund. Wurzelgrund war ein mächtiger Eichbaum und Silberstreif war eine anmutige Birke. Sie standen nicht weit voneinander, er am Waldrand und sie an einem kleinen Bach. Gelegentlich kam der Wind vorbei, um ein wenig mit Wurzelgrund zu plaudern.
„Gestern nacht habe ich dich wohl ordentlich durchgepustet, alter Freund. Hoffentlich hast du es gut überstanden", sagte er einmal. „Ich habe, glaube ich, einen Ast in der Krone verloren, aber es war der einzige in den letzten 50 Jahren", sagte Wurzelgrund. „Er ist zudem als kleines Zweiglein einmal verletzt gewesen und war seitdem immer ein wenig schwächlich."
„Ich habe nur ein paar Blätter verloren", mischte sich die Birke vorlaut ein, „aber ich kann immer noch wunderschön tanzen. Ich bin nicht so alt und schwerfällig."
Der Wind musterte sie von oben. „Weißt du, daß du über den Weg wächst?"
„Über welchen Weg?" fragte die Birke schnippisch. Aber in einem solchen Ton spricht man nicht mit dem Wind, also fügte sie schnell hinzu: „Der wird überhaupt nicht mehr benützt."
„So, so!" sagte der Wind und fuhr etwas freundlicher fort: „Wenn ich dich wäre, würde ich trotzdem in die andere Richtung wachsen."
„Dann könnte ich mich aber nicht mehr im Wasser sehen", entgegnete Silberstreif.
Der Wind seufzte leise, so daß alle Blätter raschelten. „Jetzt könnte es gerade noch gehen", sagte er. „Du bist noch ein recht junges Ding - aber eigentlich interessieren mich Hexenbesen nicht." Und damit zog er weiter.
Eines Tages kam ein Schweinehirt mit seiner Schweineherde vorbei und gab Silberstreif einen kräftigen Tritt. „Du wächst über den Weg. Mach Platz!"
„Dann kann ich mich aber nicht mehr im Wasser sehen", antwortete Silberstreif.
„Wahre Schönheit kommt von innen", sagte der Schweinehirt und gab Silberstreif einen weiteren Tritt, aber vor Wurzelgrund zog er den Hut, und alle Schweine hörten für einen Moment auf, Eicheln zu fressen, und grunzten ihm dankbar zu. Als er weiterzog, versuchte der Schweinehirt die Birke ein wenig beiseite zu schieben, aber sie rührte sich keine Handbreit von der Stelle, so gab er schließlich auf. „Du bist zwar ein hübsches junges Ding, aber ich mag keine Hexenbesen."
Eines Morgens, einige Tage später, kam ein wildes

Pony vorbei und am nächsten Morgen ein Hirsch und am Morgen darauf ein Fuchs, und sie alle gaben der Birke Tritte oder rempelten sie an oder kratzten sich an ihr, und jeder nannte sie einen Hexenbesen. So beklagte Silberstreif sich bei Wurzelgrund.
„Noch ist es nicht zu spät. Du bist noch jung genug, um deine Zweige in die andere Richtung wachsen zu lassen", sagte die Eiche. Aber Silberstreif war außer sich vor Wut.
„Du törichter alter Baum!" rief sie aus. „Wie sollte ich mich dann wohl noch im Wasser sehen, und außerdem weiß ja jeder, daß dieser Weg nicht mehr benutzt wird. Wenn mich noch einmal jemand Hexenbesen nennt, werde ich ihm von dem häßlichen Busch erzählen, den du in deinen Zweigen versteckst.
„Alle wissen von ihm", sagte Wurzelgrund würdevoll. „Er ist schon seit 500 Jahren mein Gast."
Aber die Birke hörte ihm gar nicht mehr zu. Sie sagte nur: „Dann ist's aber höchste Zeit, daß du ihn wieder loswirst." Und damit wandte sie sich erneut ihrem Spiegelbild zu.
Eines Nachmittags kamen viele Vögel zu Wurzelgrund, ließen sich auf seinen Zweigen nieder und unterhielten sich sehr höflich mit ihm. Nur Robin Rotkehlchen und seine Frau Jenny hatten Mitleid mit der Birke und wollten ihr helfen.
„Es ist immer noch Zeit, ein kleines winziges bißchen zur Seite zu rücken", sagten sie. „Gerade so viel, daß der Weg frei wird. Es geht bestimmt, du mußt es nur versuchen."
„Ich will es aber nicht versuchen", sagte Silberstreif, „denn dieser Weg wird nicht mehr benützt."
Aber am nächsten Morgen kamen drei Druiden vorbei, und Silberstreif versperrte ihnen den Weg. Sie schickten nach einem Holzfäller mit einer scharfen Axt, und wie sehr die Birke auch zitterte und seufzte, er fällte sie, schlug sie zu Brennholz und brummte dabei: „Ich mag keine Hexenbesen."
Die Druiden sangen im Schein des Feuers, dann schnitten sie mit ihren goldenen Sicheln den Mistelzweig, den Wurzelgrund hütete, und nahmen ihn mit.
„Jetzt bin ich wieder hundert Jahre lang allein", dachte Wurzelgrund und blickte auf die verglühende Asche. „Und mit Hexen hatte ich nie tun. Sie war doch ein hübsches junges Ding und eine rechte Augenweide."
Und er seufzte tief auf.

Die Piskies

Vor sehr langer Zeit, noch lange vor der Erfindung der Dreschmaschine, lebte ein armer Bauer in der Nähe von Chysauster in West Pentwith. Eines schönen Morgens im Frühling ging dieser Bauer in seine Scheune und entdeckte zu seinem großen Erstaunen, daß jemand während der Nacht eine große Menge Korn gedroschen hatte. Am vorigen Tag hatte er selber hart gearbeitet und, wie jeden Tag, zwei Säcke mit gedroschenem Korn gefüllt, doch jetzt waren nicht weniger als acht prallgefüllte Säcke hinzugekommen, die ordentlich nebeneinander aufgereiht in einer Ecke der Scheune standen.

Der Bauer kratzte sich verwundert am Kopf, aber nach einer Weile kam ihm der Gedanke, daß so etwas Außergewöhnliches nur das Werk der kleinen Leute sein kann. Doch als er seiner Frau alles berichtete, schüttelte diese nur den Kopf und wollte ihm nicht glauben.

„Das waren ganz bestimmt die Piskies!“ sagte der Bauer.

„Hier war kein Piskie mehr, seit die Großmutter tot ist, und das ist nun schon fast zwanzig Jahre her!“

Nichts, was der Bauer sagte, konnte sie überzeugen, aber je mehr er über die ganze wunderliche Angelegenheit nachdachte, desto sicherer war er, daß die kleinen Leute doch zurückgekehrt seien. Mitten in der Nacht, als seine Frau schon tief und fest schlief, zog er sich leise an und schlich vorsichtig nach unten. Es war eine klare, stille Mondnacht, und als er zur Tür hinaustrat, konnte er deutlich das Klick-klack eines Dreschflegels aus der Scheune hören. Nein, nicht nur einer, das waren gleich mehrere Dreschflegel, das ging klickediklack, klackediklick, klickediklack, klackediklick, klick! Eine kurze Pause, und dann aufs neue – klickediklack, klackediklick, klickediklack, klackediklick, klick.

Der Bauer schlich so vorsichtig zum Scheunentor hinüber, daß er kaum zu atmen wagte, und durch einen Spalt in der Holzwand erspähte er nicht nur einen, sondern gleich drei Piskies. Ihre Kleider waren abgetragen und zerrissen, aber sie schwangen ihre Dreschflegel so geschwind, daß der Bauer ihnen kaum mit den Augen zu folgen vermochte. Dann und wann wischten sie sich den Schweiß von der Stirn und machten sich dann hurtig wieder an die Arbeit. Klickediklack, klackediklick, klickediklack, klackediklick, klick. Klickediklack, klackediklick, klickediklack, klackediklick, klick. Die Spreu stob in dichten Wolken auf, und immer mehr Körner türmten sich zu einem goldenen Berg, daß es dem Bauer so recht warm ums Herz wurde.

Nach einer Weile schlich er ins Schlafzimmer zurück, weckte seine Frau und erzählte ihr alles, und sie hörte das Klappern der Dreschflegel.
„Dann ist es doch wahr, John!"
„Ja, wahrhaftig, Nora!"
Am nächsten Morgen, nachdem sie voller Freude wiederum acht bis zum Rand gefüllte Säcke in der Scheune gezählt hatten, setzten sie sich zusammen und überlegten, wie sie den fleißigen Piskies am besten ihre Dankbarkeit zeigen könnten. Nora kam auf die Idee, für die drei Piskies neue Kleider anzufertigen. Denn schließlich hatte John doch erzählt, sie hätten nur armselige Lumpen an.
Der Bauer brauchte kaum eine Stunde, um nach Penzance zu reiten und einen Ballen feinen grünen Tuchs zu kaufen. Nora machte sich gleich an die Arbeit. Den ganzen Tag nähte sie emsig und machte nur einmal eine kurze Pause, um eine Tasse Tee zu trinken und ein paar Bissen Fleischpastete zu essen. Und so schaffte sie es, daß gerade mit Einbruch der Dunkelheit ein kleiner grüner Anzug fertig genäht und aufgebügelt war, allerdings nur einer, denn zu mehr hatte die Zeit nicht gereicht. Noch bevor der Mond aufgegangen war, hatte John den ersten Anzug auf den dreibeinigen Melkschemel in der Scheune gelegt, zusammen mit einem Zettel, auf dem stand: MORGEN MEHR.
John und seine Frau gingen an diesem Abend früh zu Bett und lauschten wieder auf die Geräusche der Piskies, doch diesmal hörten sie eine ganze Weile nichts als aufgeregtes Schnattern und Piepsen aus der Scheune. Gerade als sie einschlafen wollten, ertönte dann wieder das vertraute Klickediklack, klackediklick, klickediklack, klackediklick, klickediklack, klackediklick, klick, allerdings nicht mehr so lange und auch nicht mehr so laut wie in der letzten Nacht. „Ich hoffe nur, sie haben sich nicht um den Anzug gezankt", sagte Nora, aber ihr Mann war schon eingeschlafen. Der Bauer und seine Frau waren mit den ersten Sonnenstrahlen auf den Beinen und gingen sofort zur Scheune hinüber. Das kleine grüne Gewand war nicht mehr da, allerdings fanden sie diesmal nur fünf gefüllte Säcke und einen kleinen Haufen Körner in der Mitte der Scheune vor.
„Das ist immer noch genug", sagte John, aber Nora war schon wieder ins Haus zurückgeeilt, um weiterzunähen.
Am Abend war wieder ein grüner Anzug fertig und lag mit dem Versprechen „MORGEN MEHR" in der Scheune. Und in der Nacht konnten die Bauersleute wieder piepsende Laute aus der Scheune vernehmen. Am Morgen war das zweite grüne Gewand verschwunden, und Nora und John fanden nur noch zweieinhalb Säcke mit Korn in der Scheune vor.
„Sie strengen sich nicht mehr so an wie am Anfang", sagte Nora, „aber ich mache dem letzten armen Wicht trotzdem noch sein Kleidchen." Und sie machte sich ans Werk.
Als am Abend der letzte Anzug fertig war, legte John ihn an den gleichen Platz wie die vorigen. Als

es dämmerte, kroch er zur Scheune hinüber und versteckte sich so, daß er durch einen Holzspalt die Stelle sah, wo der kleine grüne Anzug lag. Nachdem weniger als fünf Minuten verstrichen waren, hörte er ein Geräusch, und plötzlich erschien ein Piskie wie aus dem Nichts. Der kleine Wicht nahm den Anzug, hielt ihn eine Armeslänge von sich entfernt und plapperte und schnatterte glücklich vor sich hin. In Windeseile zog er seine zerrissene Jacke aus, und dann herunter mit den alten Hosen und schnell hinein in die schmucke neue Jacke und die schönen neuen Hosen. Mit einem Fingerschnippen zauberte er einen Spiegel aus der Luft heraus, vor dem er sich hin und her drehte und wendete, um sich von allen Seiten zu betrachten. Und dazu sang er:

Schöner Piskie, schmuck und fein,
Piskie kann nun glücklich sein,
Nie mehr muß er Körner schlagen,
Nie mehr schuften und sich plagen,
Piskie kann nun weiterziehn.

Und in der Zeit, in der der Bauer einmal kurz mit seinen Augen blinzelte, war der Wicht verschwunden, ohne ein einziges Klickediklack.
Nora schüttelte nur den Kopf, als John ihr erzählte, was er gesehen hatte, und dachte an den teuren Ballen grünen Tuchs und daran, wie lange sie an jedem Piskieanzug gearbeitet hatte. Ihr Mann würde nun selber all die liegengebliebenen Ähren dreschen müssen, aber morgen war ja auch noch ein Tag, und sie würde ihm dann schon helfen.
„Also komm jetzt zu Bett, Mann, wir brauchen unsern Schlaf." Am nächsten Morgen war die Sonne schon aufgegangen, als sie zusammen zur Scheune hinübergingen und das knarrende Tor öffneten. Die Säcke waren immer noch leer und lagen auf dem Boden der Scheune, aber auf dem dreibeinigen Melkschemel lag eine lederne Börse. Nora und John sahen einander an. Johns Hand zitterte so stark, daß er den Knoten nicht lösen konnte, so griff Nora eilig nach der Börse, knotete sie auf und leerte sie aus. Ein wahrer Regen von Goldstücken fiel vor ihre Füße.
Sie waren ihr ganzes Leben lang arm gewesen, aber jetzt würde sich Nora doch noch das Spinnrad kaufen können, das sie sich schon immer gewünscht hatte, und ihr hart arbeitender Mann könnte endlich die festen Stiefel erhalten, die er doch so nötig brauchte, und vielleicht würde es noch für einen nagelneuen Pflug reichen.
„Gott segne die kleinen Leute", sagte Nora, „und ihr großes Herz."

Der schwarze Stier

Eine arme Wäscherin hatte drei Töchter und nichts, was sie ihnen hätte mitgeben können, außer ihrer Geschicklichkeit im Waschen. Eines Tages sagte die älteste Tochter: „Mutter, backe mir Brötchen und brate mir Fleisch, denn ich will ausziehen, um mein Glück zu suchen." Sie packte das Essen in einen Korb, wanderte die ganze Nacht und wanderte den ganzen Tag, und am Abend kam sie zu einem Haus, in dem eine Hexe mit ihrer Tochter wohnte.

„Wenn du dein Glück suchst", sagte die Hexe, „dann setze dich hier ans Fenster und paß gut auf. Du wirst sehen, wenn es kommt."

Das Mädchen starrte aus dem Fenster, den ganzen ersten Tag und den ganzen zweiten Tag, aber es sah nichts. Am dritten Tag fuhr eine Kutsche mit einem Kutscher, vier stolzen Pferden und zwei Lakaien vor dem Tor vor. „Da ist mein Glück! Lebt wohl!" rief das Mädchen und fuhr mit der Kutsche fort. Aus dem Verborgenen sah die Tochter der Hexe mit neiderfülltem Blick zu. Die älteste Tochter der Wäscherin wurde nie wieder in der Gegend gesehen. Einige Zeit nachdem sie verschwunden war, sagte die zweitälteste Tochter: „Mutter, kaufe mir Kuchen und wickle mir Wurst ein, denn ich will ausziehen, um mein Glück zu suchen." Sie wanderte die ganze Nacht und wanderte den ganzen Tag, und am Abend kam auch sie zu dem Haus der Hexe. Sie starrte drei Tage lang aus dem Fenster, so wie die Hexe es ihr gesagt hatte, aber sie sah nichts. Am vierten Tag jedoch fuhr eine Kutsche mit einem Kutscher, sechs stolzen Pferden und vier Lakaien vor dem Tor vor, und die zweitälteste Tochter fuhr darin fort. Die Tochter der Hexe beobachtete sie aus dem Verborgenen mit neiderfülltem Blick.

Die zweitälteste Tochter der Wäscherin wurde nie wieder in der Gegend gesehen. Bald nachdem sie verschwunden war, sagte Meg, die jüngste Tochter: „Mutter, bitte schmiere mir Schmalzbrote und koche mir Käse, denn ich will ausziehen, um mein Glück zu suchen." Sie kam zum Haus der Hexe am Waldrand und starrte eine Woche lang jeden Tag aus dem Fenster, so wie die Hexe es ihr gesagt hatte, aber sie sah nichts. Doch dann, am ersten Tag der zweiten Woche, kam der schwarze Stier vom Nordland schwerfällig die Straße entlanggetrottet, und die Hexe sagte: „Da! Du bist hergekommen, um dein Glück zu suchen, und da ist es." Und sie packte die entsetzte Meg auf den breiten Rücken des Stiers. Dann sahen die Hexe und ihre Tochter mit Bosheit in den Blicken zu, wie das Mädchen davonritt.

Der Stier trug Meg den ganzen Tag, und er trug sie die ganze Nacht, bis sie in der Ferne in einem Flußtal ein graugrünes Schloß erblickten. „Das ist das Haus meines ältesten Bruders", sagte der Stier, „und hier müssen wir heute die Nacht verbringen." Die Leute im Schloß halfen Meg vom Rücken des Stiers herunter, dann ließen sie ihn auf einer Kleewiese weiden und bereiteten Meg ein herrliches Festmahl und für die Nacht ein Bett aus Gänsefedern. Am nächsten Morgen, als Meg wieder auf den Rücken des Stiers kletterte und weiterreiten wollte, schenkten sie ihr einen graugrünen, makellosen Apfel, der süß duftete, und sagten: „Schneide ihn erst auf, wenn du zum erstenmal in deinem Leben in großer Not bist."

Der Stier trug Meg den ganzen Tag, und er trug sie die ganze Nacht und wieder den ganzen Tag bis zu einem gelben Schloß an einem Fluß. „Dies ist das Haus meines zweitältesten Bruders", sagte er, „und hier müssen wir heute nacht bleiben." Die Leute im Schloß bewirteten Meg genauso, wie sie am Abend zuvor bewirtet worden war, und am nächsten Morgen schenkten sie ihr eine süß duftende, makellose Birne und sagten, sie dürfe sie erst anschneiden, wenn sie zum zweitenmal in ihrem Leben in großer Not sei. Das dritte Schloß hatte die Farbe von purpurnem Samt, und diesmal bekam Meg eine süß duftende, makellose Pflaume geschenkt mit dem Rat, sie so lange aufzuheben, bis sie zum drittenmal in großer Not sei.

Bald nachdem sie das dritte Schloß verlassen hatten, gelangten Meg und der Stier in ein düsteres Tal, das so von überhängenden Felsen beschattet wurde, daß kein Tageslicht hineinfiel. Der Stier setzte Meg neben einem Felsblock ab und sagte: „Warte hier. Wenn ich nicht mit dem Wächter des Glastales kämpfe und ihn töte, werden wir nicht wieder lebend herauskommen. Setze dich auf diesen Felsblock, und wenn alles blau und sonnig wird, dann weißt du, daß ich gewonnen haben. Wenn aber alles blutrot wird, weißt du, daß ich verloren habe. Vor allem darfst du dich nicht bewegen. Wenn du deine Stellung auch nur um Haaresbreite veränderst, kann ich dich hier niemals wiederfinden.

Mag setzte sich auf den Felsen und wartete. Nach einer Weile erschien am blauen Himmel die Sonne, und die Felswände ringsherum und der Boden unter ihren Füßen wurden blau. Da wußte Meg, daß der Stier den Kampf gewonnen hatte. Sie freute sich so sehr, vergaß, was der Stier ihr gesagt hatte, und schlug ein Bein über das andere. Als der Stier nun schwerfällig das Tal hinaufgetrottet kam, das schwarze Fell vom Kampf mit Blut befleckt, konnte Meg ihn zwar sehen, aber er bemerkte sie nicht, sie mochte schreien und rufen, wie sie wollte.

Schweren Herzens stand Meg auf und machte sich auf den Weg. Sofort schlitterten die Füße unter ihr weg, und sie rutschte aus. Da erkannte sie, daß der felsige Grund, auf dem sie ging, und auch die Felswände um sie herum sich in spiegelblankes eisglattes Glas verwandelt hatten. Der Wächter des Glastales mochte zwar tot sein, doch das Tal bestand nach wie vor, und Meg war darin gefangen wie eine Spinne in der Schüssel. Je mehr sie sich abmühte, an den Wänden hinaufzuklettern, desto weiter rutschte sie hinunter. So blieb ihr nichts anderes übrig, als auf allen vieren am Rande des Glastales entlangzukriechen und nach einem Ausgang zu suchen. Tagelang suchte sie so und fand nichts und sah niemanden, und sie fragte sich schon, ob sie nun zum erstenmal in ihrem Leben in großer Not sei und es an der Zeit wäre, den Apfel aufzuschneiden, den der älteste Bruder des Stieres ihr gegeben hatte. Doch bevor das nötig wurde, kam sie auf dem Grund des Tales zu einer Schmiede, hinter der die gläsernen Wände wie Gletscher aufragten, und unter Schluchzen erzählte sie dem Schmied ihre Geschichte. „Ist das alles?“ fragte er. „Arbeite sieben Jahre lang für mich, ohne zu klagen, tritt den Blasebalg und halte die Zangen, dann schmiede ich dir ein Paar Schuhe aus Eisen, mit denen du hier herauskommst.“

Sieben Jahre lang trat Meg in der Gluthitze des Schmiedefeuers den Blasebalg und hielt die Zangen, und obwohl sich ihr alles im Kopf drehte und ihre Wangen fast verglühten, klagte sie nicht ein einziges Mal. Als die sieben Jahre vergangen waren, machte der Schmied ihr ein Paar Schuhe aus Eisen mit eisernen Dornen an den Sohlen, und weil er nicht wußte, wie er sie sonst befestigen sollte, nagelte er sie an Megs Füßen fest. Langsam kletterte sie die glatte Wand des Glastales hinauf, und jeder einzelne Schritt war eine Qual. Endlich stieg sie über den Rand, taumelte hinaus und kroch zurück zu dem Haus, in dem die Hexe und ihre Tochter wohnten. Dort bat sie um Obdach.

„Gut, daß du da bist“, sagte die Hexe. „Gestern abend hat der Prinz vom Nordland einen Anzug hiergelassen, den wir reinigen sollen. Er ist aus schwarzem Leder und voller Blutspritzer und Blutflecken, und wer ihn reinigen kann, soll des Prinzen Frau werden. Ich habe es versucht, und meine Tochter hat es versucht, doch die Flecken dringen nur immer tiefer in das Leder ein. Du aber bist die Tochter einer Wäscherin, und du kannst dir deinen Unterhalt hier verdienen, wenn du den Anzug säuberst.“

Meg schleppte sich auf ihren wunden Füßen zu den Waschsteinen hin und breitete die ledernen Kleidungsstücke darauf aus. Dann begann sie, so wie ihre Mutter es sie vor langer Zeit gelehrt hatte, die Blutflecken mit einem Waschleder zu entfernen. Aber kaum hatte sie die Blutflecken mit dem Waschleder berührt, waren sie verschwunden. Das Leder glänzte, und Megs Füße heilten, als wären sie niemals verletzt gewesen. Sie lief mit den Kleidern zur Hütte zurück, und die Hexe riß sie ihr gleich aus den Händen und kicherte: „Besten Dank, meine Liebe. Du hast das Glück meiner Tochter gemacht.“

Dann sperrte sie Meg auf dem Dachboden ein, damit sie den Prinzen vom Nordland weder sehen

noch sprechen könnte. Am gleichen Tag kam der Prinz, um seine Kleider zu holen. Die Tochter der Hexe lächelte ihn mit ihrer Zahnlücke an und sagte, sie habe gescheuert und geschrubbt, um alles sauber zu bekommen, und dem Prinzen blieb nichts anderes übrig als einzuwilligen, daß er sie in drei Tagen heiraten würde.
Als Meg an diesem Abend allein auf dem Dachboden saß, erinnerte sie sich an den Apfel, den sie bekommen hatte, als sie mit dem schwarzen Stier vom Nordland im Schloß seines ältesten Bruders zu Gast gewesen war. Nun war sie wirklich zum erstenmal in ihrem Leben in großer Not. Sie schnitt den Apfel in zwei Hälften, und statt mit Kernen war er mit Perlen gefüllt. Meg rief nach der Tochter der Hexe und sagte: „Laß mich heute nacht vor der Tür des Prinzen singen. Dafür sollst du diese Perlen haben."
„Abgemacht!" sagte die Tochter. Aber sie lief sofort zu ihrer Mutter, und die Hexe gab dem Prinzen in einem Weinkelch ein Schlafmittel. In dieser Nacht saß Meg vor der Tür des Prinzen und sang:

Sieben Jahre hab' ich gedient für dich,
Den Glasberg hab' ich erklommen für dich,
Deine Kleider hab' ich gewaschen für dich,
Nun wache auf und höre mich.

Aber wegen des Schlafmittels hörte der Prinz sie nicht, und als er am nächsten Morgen nach seinem Frühstück rief, war Meg wieder oben auf dem Dachboden eingeschlossen und nicht mehr zu sehen. Zum zweitenmal in ihrem Leben war sie in großer Not, und sie schnitt die Birne auf, die sie im Schloß des zweitältesten Bruders des schwarzen Stiers erhalten hatte. Das Kerngehäuse war aus purem Gold. Meg rief nach der Tochter der Hexe und sagte: „Laß mich noch eine Nacht vor der Tür des Prinzen singen. Dafür sollst du dieses Gold haben."
„Abgemacht!" sagte die Tochter. Aber wieder lief sie sofort zu ihrer Mutter, und wieder bereitete die Hexe ein Schlafmittel zu und gab es dem Prinzen in einem Weinkelch. Die ganze Nacht saß Meg vor seiner Tür und sang:

Sieben Jahre hab' ich gedient für dich,
Den Glasberg hab' ich erklommen für dich,
Deine Kleider hab' ich gewaschen für dich,
Nun wache auf und höre mich.

Aber wie in der Nacht zuvor hörte der Prinz sie nicht wegen des Schlafmittels, und als er am nächsten Morgen nach seinem Frühstück rief, war Meg wieder oben auf dem Dachboden eingeschlossen und nirgends zu sehen. Zum drittenmal in ihrem Leben war sie in großer Not, und als sie nun die Pflaume aufschnitt, fand sie darin statt des Steins einen Diamanten, der im Glastal gebrochen worden war. „Laß mich eine letzte Nacht vor der Tür des Prinzen singen", sagte sie zur Tochter der Hexe, „und nimm dafür diesen Edelstein für deine Hochzeitskrone."
„Abgemacht!" sagte die Tochter der Hexe, und ihre Mutter bereitete wie an den Abenden vorher ein

Schlafmittel zu. Aber gerade als der Prinz den Weinkelch an die Lippen hob, hörte er von der Wiese unter seinem Fenster einen Stier brüllen. Er stand auf, um hinauszusehen, und dabei stieß er sein Weinglas um und verschüttete den Wein. Der Prinz dachte sich nichts weiter dabei und ging zu Bett, doch kaum war er eingeschlafen, da hörte er vor seiner Tür Meg singen:

Sieben Jahre hab' ich gedient für dich,
Den Glasberg hab' ich erklommen für dich,
Deine Kleider hab' ich gewaschen für dich,
Nun wache auf und höre mich.

Der Prinz eilte zur Tür und öffnete sie, und Meg fiel ihrem Liebsten in die Arme. Am nächsten Morgen wurden sie getraut, und zur Feier des Tages läuteten alle Glocken im Nordland. Die Hexe und ihre Tochter, die sich mit den Perlen, dem Gold und dem Diamanten trösten wollten, die sie von Meg erschwindelt hatten, hielten nichts als Apfelkerne, das Kerngehäuse einer Birne und einen Pflaumenstein in Händen. Da kreischten sie laut vor Wut, rasten wie wildgewordenes Vieh über die ganze Wiese und stürzten über den Rand des Glastales hinab in den Abgrund. Seither haben sie die Sterblichen nie wieder belästigt.

Jack und der Bohnenstock

Hinter den blauen Bergen und silbernen Tannen, weit hinter den Schafweiden und fadenschmalen Pfaden liegt ein verschlafenes Dorf, ein Häuflein kleiner Häuser, in ein enges Tal geschmiegt. Dort lebte einst eine Witwe namens Martha. Sie war eine kleine Frau mit von der Arbeit rauhen Händen und einem traurigen Lächeln auf den Lippen. Ihren einzigen Sohn Jack liebte sie mehr, als für diesen gut war. Vom ersten Hahnenschrei bis Sonnenuntergang war sie stets emsig bei der Arbeit: sie putzte ihr Häuschen, wusch und plättete die Wäsche, sammelte und hackte Holz, buk Brot und machte Heu, um so die Faulheit ihres Sohns wieder wettzumachen. Was war Jack doch für ein Taugenichts! Ein Langschläfer und Lump, ein zuckersüßer Schmeichler, ein Wirrkopf, für den es kein Gestern und kein Morgen gab.

„Morgen kommt schon von allein“, pflegte er zu sagen.

„Es wird kein Morgen geben“, antwortete Martha dann. Und dies war auch schon das Höchstmaß an Tadel, das sie ihm gegenüber verlauten ließ. Jack war ihr ein und alles. Sie wäre lieber in Lumpen gegangen, als ihn mit ihren Sorgen zu belästigen. Als das Essen knapp wurde, verkaufte sie all ihr Hab und Gut. Sie sparte und knauserte, und so zogen die Tage durchs Land.

Als Jack sechzehn war, hatten sie einen besonders harten Winter. Marthas Speisekammer war fast leer. Das Pökelfleisch war verspeist, und auch der Mehlsack ging zur Neige.

Eines Tages wurde Martha ihrer Sorgen nicht mehr Herr und brach in Tränen aus. Erstmals beschimpfte sie ihren Sohn: „Du hast mich ruiniert! Ich habe meine Schafe verkauft! Meine Schweine! Ich habe mich von meiner Fiedel und meinem Schmuck getrennt. Was willst du nun? Soll ich denn meine eigene Haut verkaufen?“

Jack war von dem Ausbruch seiner Mutter überrascht. Er hieß sie sich hinsetzen und sprach: „Ich werde das Essen kochen.“

„Es gibt nichts zu essen“, schluchzte Martha, „und wir haben keinen Heller mehr. Ich werde Daisy verkaufen müssen, so schlimm steht es um uns.“

„Ich will mit ihr losziehen“, sagte Jack. „auf dem Markt werde ich einen guten Preis für sie erzielen.“

Da war Martha sehr traurig, denn auf ihre Weise hatte sie die Kuh stets gern gehabt. Und nun sah sie das brave und gutmütige Tier hinter Jack über den Feldrain davontrotten.

Als sie eine Weile so dahingegangen waren, trafen Jack und Daisy auf einen Bauern.
„Ei, was ist denn das", fragte Jack. „Was tragt Ihr da in Eurem Hut?"
„Bohnen", erwiderte der Bauer.
Und so war es. In allen Farben, Rot und Orange, Gelb und Grün, Blau und Violett, sah Jack Regenbogenbohnen in dem Hut schillern.
„Und du", fragte der Bauer, „wohin gehst du mit der Kuh?"
„Zum Markt", sprach Jack.
„Die Mühe kann ich dir ersparen", sagte der Bauer und schüttelte und wirbelte die Bohnen im Hut herum. „Welchen Preis verlangst du für das Tier?"
„Was immer ich kriegen kann", antwortete Jack.
„Dann gebe ich dir diese Bohnen", sprach der Bauer, „und den Hut obendrein."
Jack blickte auf den wirbelnden Regenbogen. Nachdenklich nagte er an den Lippen und dachte an seine Mutter. Dann blickte er wieder auf die Regenbogenbohnen: „Abgemacht", willigte er schließlich ein.
Martha wartete schon auf Jack. Als ihr Sohn ihr von seinem Geschäft mit dem Bauern berichtete, schlug sie die Hände über dem Kopf zusammen: „Du Tölpel!" klagte sie. „Du Narr!" Und sie gab dem Hut einen solchen Tritt, daß er Jack aus den Händen glitt und die Regenbogenbohnen quer durch den Garten rollten.
Nun weinte Martha.
Jack legte den Arm um seine Mutter: „Ich habe nicht nachgedacht", entschuldigte er sich.
„Nicht nachgedacht", schluchzte Martha. „Was soll jetzt aus uns werden?"
Dann schloß die Nacht ihre Läden über dem Himmel, und schwach vor Hunger schliefen Jack und seine Mutter ein.
Als Jack am nächsten Morgen erwachte, sah er plötzlich grüne Hände gegen die Fensterläden drücken. Seine kleine Kammer lag in einem graugrünen Schimmer.
Jack schwang die Beine aus dem Bett und eilte die knarrende Treppe hinab und hinaus in den Garten. Einige der Regenbogenbohnen hatten über Nacht Wurzeln geschlagen. Wie eine Winde waren sie der Sonne entgegengewachsen, und ihre Stämme waren bereits so dick wie die von schlanken Silberbirken.
Jack blickte hoch und höher. Er rümpfte die Nase, blinzelte mit den Augen und konnte doch die Spitze des Bohnenstocks nicht erkennen, die weit oben in den Wolken zu sein schien. Er strich über die rauhen Blätter und versuchte am Stamm zu rütteln: „Schau her, er ist wie eine Leiter", sagte Jack zu seiner Mutter. „Ich werde hinaufsteigen."
„Nein, das tust du nicht", sagte Martha. „Als hättest du nicht schon genug Unheil angerichtet."
Doch später am Morgen, als Martha zu den Nachbarn ging, um ein wenig Geld zu borgen, damit sie zu essen kaufen konnte, lief Jack zum Bohnenstock.

Es wurde Mittag, Nachmittag und schließlich Abend. Stunde um Stunde kletterte Jack die Bohnenranke hinauf, und als er endlich die Spitze erreicht hatte, war er schmutzig, verschwitzt und müde. Außerdem war er schrecklich hungrig.
Jack blickte sich um und sah, daß er in einer Art Wildnis gelandet war. Es gab weder Baum noch Strauch, weder Mensch noch Tier. Vor ihm lag nichts als eine öde, graubraune Felsenlandschaft, aus der hie und da ein Erdhaufen hervorragte.
Niedergeschlagen lehnte er sich an einen grauen Felsen. Da sah er plötzlich durch die Wildnis jemanden auf sich zukommen. Es war ein altes Weiblein mit faltigem Gesicht und einem staubigen, zerrissenen schwarzen Kleid. Sie schien nicht geradeaus gehen zu können und machte immer einen Schritt vor, zwei zur Seite.
„Ei", sprach Jack bei sich, „sie sieht so alt aus wie die Großmutter einer Großmutter."
„Wo kommst du her", fragte die Alte ihn bald darauf mit freundlicher Stimme.
„Von dort unten", antwortete Jack. „Ich bin den Bohnenstock heraufgekommen. Wo bin ich hier überhaupt?"
„Und wer bist du?" fragte die Alte. „Und wer ist dein Vater?"
„Mein Name ist Jack", antwortete der Junge. „Über meinen Vater kann ich Euch nichts sagen. Ich wohne mit meiner Mutter in einem kleinen Häuschen unten am Bohnenstock."
„Wenn du Jack bist, dann kenne ich deinen Vater", sprach die Alte.
„Ihr kennt ihn?" staunte Jack.
„Dein Vater war ein reicher und wohltätiger Mann", fuhr die Alte fort. „Als du noch ganz klein warst, wurde er von einem Riesen getötet, der all sein Hab und Gut raubte. Es war ein goldgieriger und hartherziger Riese."
„Aber warum hat meine Mutter mir nie davon berichtet?"
„Wegen eines Handels, den sie mit dem Riesen geschlossen hat. Der Riese ließ ihr und dir das Leben gegen das Versprechen, daß sie dir niemals erzählen würde, wer dein Vater war und wie er ums Leben kam."
„Wo finde ich diesen Riesen?" fragte Jack.
„Nicht weit von hier", sagte die Alte. „Und wenn du in deinem Leben noch einen glücklichen Tag haben willst, mußt du den Tod deines Vaters rächen."
„Das will ich wohl tun", sprach Jack.
„Es wird nicht leicht sein", mahnte die Alte. „Dir stehen große Gefahren bevor. Doch alles, was der Riese besitzt, gehört rechtmäßig dir und deiner Mutter.
„Ich will mein Leben gern riskieren", sprach Jack. „Wo finde ich ihn?"
Es wurde bereits dunkel, als Jack endlich das Haus des Riesen erreichte. Draußen vor der Tür sah Jack eine unscheinbare, bleichgesichtige Frau stehen. „Guten Abend!" rief Jack.

„Ich weiß nicht, wer du bist", sprach die Frau. „Aber dies hier ist kein guter Ort für dich, noch für irgendein anderes menschliches Wesen. Mein Mann ist ein Riese, und er ißt Menschenfleisch."
„Menschenfleisch?" schrie Jack auf.
„Er ist gerade unterwegs und sucht nach zarten Jungen und Mädchen. Wenn es nötig ist, marschiert er fünfzig Meilen an einem Tag."
„Es ist nur so, daß ich vor Hunger sterben werde, wenn ich noch eine Minute länger warten muß", sagte Jack. „Ich bin so hungrig, daß ich ein ganzes Pferd verschlingen könnte. Aber auch etwas Brot würde mir schon reichen. Wenn Ihr mir einen Kanten Brot und ein Bett für die Nacht geben könntet?"
„Laß dich anschauen", sagte die Frau. „Wie heißt du?"
„Jack."
„Nun gut, Jack. Du scheinst ein braver Bursche zu sein. Doch denke daran, du begibst dich in große Gefahr, und ich mich ebenso. Aber wir gehen jetzt besser hinein, denn mein Mann wird bald zurück sein."
Die Frau führte Jack durch eine riesige Halle, dann durch mehrere große Räume und schließlich einen düsteren Flur entlang. Auf der einen Seite des Flurs war eine Wand, doch auf der anderen gab es nur ein Eisengitter, durch das die Gesichter kleiner Buben und Mädchen hervorblickten. Sie begrüßten Jack mit einem erbärmlichen Geschrei, Gewimmer und Gejaule.
„Wer sind denn diese Kinder", fragte Jack.
„Sie sind sein Abendbrot", sagte die Frau. „Und das dort ist seine Speisekammer."
Nun mußte Jack das Schlimmste befürchten. Abwechselnd wurde ihm heiß und kalt. Mißtrauisch blickte er zu der ernsten, bleichgesichtigen Frau. Er bangte um sein Leben.
„Hier entlang", sprach die Frau. Sie führte Jack zu einer Wendeltreppe am Ende des Flurs, die in eine große dampfende Küche hinabführte. Dort flackerte ein Feuer im Kamin, an das Jack sich setzte, während die Frau des Riesen ihm ein Essen bereitete. Noch nie hatte sich Jack so über ein Essen gefreut, und er aß und trank mit Genuß. Doch kaum war er fertig, hob draußen in der Dunkelheit ein schrecklicher Radau an.
„Schnell, schnell", rief die bleichgesichtige Frau. „Ab mit dir in den Ofen! Dort ist genug Platz, daß du dich bis zum Morgen verstecken kannst."
So kroch Jack in den Ofen, und die Frau warf die Tür hinter ihm ins Schloß. Dann eilte sie die Steintreppe hinauf, um ihren Mann zu begrüßen.
„Weib", polterte der Riese, „ich rieche Menschenfleisch."
Jack im Ofen verstand jedes einzelne Wort.
„Das glaube ich dir gerne", sprach die Frau. „Es sind die Kinder im Verlies."
Nun stapfte der Riese die Treppe hinunter und setzte sich genau dorthin, wo noch vor ein paar Minuten Jack gesessen hatte.

„Bring mir zu essen, Weib!" dröhnte er. „Zuerst will ich die Kartoffeln und Bohnen und die gebratenen Hühnchen. Zum Nachtisch esse ich dann die Kinder."
Der Riese verspeiste Huhn um Huhn und spuckte nur die Knochen aus. Rülpsend und grunzend trank er sein Bier.
„Die Kinder werden das Beste sein", schmatzte der Riese. „Auf sie habe ich mich schon den ganzen Tag gefreut. Doch erst will ich mir einen meiner Schätze anschauen. Reg dich, Weib, bring mir meine Henne!"
Die Frau des Riesen stieg die Treppe hinauf und kam nach zwei Minuten mit einer gackernden Henne im Arm wieder herunter.
Jack blinzelte durch einen Spalt im Ofen.
„Leg!" sprach der Riese.
Und auf der Stelle legte die Henne ein großes goldenes Ei.
Der Riese nahm es, warf es von einer Hand in die andere und trank noch einen Humpen Bier.
„Ich werde zu Bett gehen", sagte die Frau des Riesen.
Dieser beachtete sie gar nicht „Leg!" befahl er abermals.
So fuhr er fort, bis der ganze Tisch mit goldenen Eiern bedeckt war. Indessen war ihm das Bier zu Kopfe gestiegen. Er gähnte und streckte sich, und schließlich fiel sein Kopf zur Seite, und Jack hörte sein lautes Schnarchen.
Lange Zeit horchte und wartete Jack. Erst als der Morgen graute, wagte er, die Ofentür vorsichtig aufzustoßen.
Der Riese schlief noch immer.
Jack kletterte aus dem Ofen, nahm die Henne und schlich zur Wendeltreppe. Er eilte den von Geheul erfüllten Flur entlang und rannte so schnell er nur konnte den Weg zur Spitze des Bohnenstocks zurück. Das Hinunterklettern ging viel schneller als zuvor das Hinaufklettern.
„Ich wußte es", rief seine Mutter aus, als sie ihn zurückkommen sah. „Ich wußte, daß du hinaufgeklettert bist."
„Ich war beim Riesen und habe dir diese Henne mitgebracht", sagte Jack.
„Beim Riesen?" schrie Martha entsetzt und wurde ganz blaß.
Jack legte den Arm um seine Mutter: „Ich weiß von meinem Vater und daß der Riese ihn getötet hat. Und ich war so ein Taugenichts – so ein Lump und Wirrkopf."
„Ach, Jack", seufzte Martha.
„Leg!" befahl Jack nun.
Und die Henne gackerte und legte ein großes goldenes Ei.
So wurden Martha und Jack reich. Sie hegten und pflegten ihre Henne und bewahrten ihr Geheimnis. Sonne und Mond blickten wohlwollend auf das kleine freundliche Häuschen am Fuße des Bohnenstocks hinab.

Viele friedvolle Monate zogen durchs Land. Doch dann wurde Jack unruhig: „Ich habe ihm vielleicht die Henne genommen, aber das reicht noch nicht. Schließlich hat der Riese meinen Vater getötet“, dachte er bei sich.
Jack beschloß, erneut den Bohnenstock hinaufzuklettern und dem Haus des Riesen einen zweiten Besuch abzustatten.
„Daran solltest du nicht einmal denken“, sagte Martha. „Du bist ein Narr und willst deiner Mutter das Herz brechen. Der Riese wird für den Diebstahl seiner Henne auf Vergeltung sinnen.“
Jack wollte seiner Mutter das Herz nicht brechen, aber er war fest entschlossen, den Bohnenstock ein zweites Mal hinaufzusteigen. Ohne Martha gegenüber auch nur ein Wort zu verlieren, bat er einen Nachbarn, ihm Zwiebelwasser anzurichten, mit dem er seine Haut färben wollte. Auch ließ er sich einen Turban und weite Kleider machen, damit des Riesen Frau ihn nicht erkennen würde. Eines frühen Morgens stand Jack dann auf, verkleidete sich und schlich durch den taubedeckten Garten zum Bohnenstock.
Als Jack am Abend das Haus des Riesen erreichte, war er wieder müde und hungrig. Wie beim erstenmal stand des Riesen Frau in der Tür und sah ihm entgegen.
„Ich bin nun schon eine Woche lang auf den Beinen“, jammerte Jack, „und bin zu Tode erschöpft.“
„Und wenn schon!“ sprach die Frau. „Dies ist nicht der richtige Ort für dich. Es ist noch gar nicht lange her, da habe ich einen jungen Burschen hereingelassen – er mag ungefähr in deinem Alter gewesen sein –, der stahl meines Mannes Goldhenne. Seither hat es für mich nur noch Schelte und Schläge gegeben.“
Doch Jacks Überredungskünste waren so groß, daß die Frau des Riesen ihn trotz ihrer bösen Vorahnungen bald durch die Zimmer des Riesenhauses führte. Wieder gingen sie den düsteren Flur entlang und in die Küche hinunter. Dort versteckte sie Jack in der anliegenden Holzkammer.
Als der Riese heimkam, spürte Jack, wie die Steinwände um ihn herum bebten. Mit einem Auge blinzelte er durch einen Türspalt und sah, wie der Riese sich am Feuer niederließ.
„Weib!“ polterte der Riese. „Ich rieche Menschenfleisch.“
„Das mag wohl sein“, sprach seine Frau. „Die Nebelkrähen sind mit einem großen Stück Aas vorbeigeflogen und haben es aufs Dach fallen lassen.“
„Mach dich ans Kochen!“ brüllte der Riese und schlug nach seiner Frau. „Los, beweg dich!“
Als der Riese den ersten Gang gegessen hatte, wollte er wieder einen seiner Schätze sehen. „Hol mir die Geldsäcke!“ rief er seiner Frau zu.
Die Frau eilte die Stufen hinauf, und eine Zeitlang hörte Jack nichts als das Prasseln des Feuers und das fürchterliche Rülpsen des Riesen. Dann kehrte die Frau des Riesen zurück und schleppte die Geldsäcke hinter sich her.

„Hierher", befahl der Riese, „vor meine Füße."
Und als seine Frau die Säcke durch die Küche hievte und zu seinen Füßen abstellte, versuchte er, ihr einen Tritt zu geben.
„Ich gehe zu Bett", sprach die Frau.
Der Riese beachtete sie nicht. Er schwang einen Sack auf den Tisch und schüttete einen ganzen Berg voll Silbermünzen aus.
Jack starrte auf den leuchtenden Haufen. Zehnmal zählte der Riese die Münzen durch. Dann strich er sie zurück in den Sack und schüttete den Inhalt des zweiten Beutels aus: einen riesigen Haufen Goldmünzen.
Auch diese Münzen zählte der Riese zehnmal durch. Dann strich er sie ebenfalls zurück in den Sack, gab ein fürchterliches Gähnen von sich und schlief augenblicklich ein.
Anfangs klang sein Schnarchen wie schwaches Donnergrollen oder das Rauschen der fernen See. Doch dann wurde es lauter und lauter und glich schließlich dem Zischen und Fauchen sturmgepeitschter Wellen. Lange Zeit horchte und wartete Jack. Doch kurz vor Morgengrauen öffnete er schließlich die Tür der Holzkammer.
Schnell schulterte er die beiden Säcke, kletterte die Steintreppe hinauf und stolperte aus dem Haus. In der Angst, der Riese könne jeden Moment erwachen und ihn einholen, eilte er, so schnell er konnte, zur Spitze des Bohnenstocks zurück.
Die Geldsäcke waren so schwer, daß der Abstieg für Jack äußerst mühsam war. Am rauhen Stamm des Bohnenstocks zerkratzte er sich Knie und Schienbeine und stieß sich die Stirn. Als er endlich am Fuße des Bohnenstocks angekommen war, erschien ihm das helle Vogelgezwitscher in seinem kleinen Garten lieblicher als jemals zuvor, so glücklich war er, wieder daheim zu sein.
„Mutter!" rief Jack und schleppte die Säcke ins Haus. „Was sagst du dazu?"
Aber Jacks Mutter war nicht daheim. Krank vor Sorge lag sie in einem abgedunkelten Raum im Hause des Nachbarn.
Jack versprach ihr, nie wieder fortzugehen. Er half, seine Mutter gesundzupflegen, er reparierte ihr altes Häuschen, kaufte Tisch und Stühle und eine schöne Eichenkommode.
Aber es half alles nichts. Der Bohnenstock hatte in Jacks Gedanken Wurzeln geschlagen und wuchs von Tag zu Tag. Nach drei Jahren war Jack so unruhig geworden, daß er seine Füße nicht mehr ruhig am Boden halten konnte. Erneut stellte er geheime Vorbereitungen an und machte sich ein drittes Mal auf den Weg ins entlegene Himmelsland.

Die Wildnis, die lange Reise, das finstere Haus und die blaßgesichtige Frau – es war alles wie zuvor. Aber der Ausdruck im Gesicht der Riesenfrau hatte sich geändert. Verängstigt blickte sie Jack entgegen. Und als Jack sie endlich überredet hatte, ihn hineinzulassen, konnte sie nur mehr vor ihm herhumpeln.

„Wenn er mich ertappt, wird es das Ende sein", murmelte sie.
Diesmal versteckte die Frau Jack in einem riesigen Kupferkessel. „Ich warne dich", sprach sie. „Du darfst keinen Laut von dir geben, du darfst nicht einmal laut atmen!"
„Weib", dröhnte der Riese, als er in die Küche polterte, „ich rieche Menschenfleisch."
Jack war darüber nicht sonderlich beunruhigt, denn er hatte den Riesen schon zweimal das gleiche sagen hören. Doch diesmal öffnete er die Tür zur Holzkammer, suchte im Schrank und schaute in den Ofen. Dann legte er eine Hand auf den Deckel des Kupferkessels – und hier endete seine Suche. Er grunzte, kratzte sich am Kopf und ließ sich in seinem Stuhl am Feuer nieder.
Dort verschlang er ein riesiges Abendbrot: zuerst einen Gemüseeintopf, dann sechs Brotlaibe und ein halbes Schwein. Dazu trank er einen Trog Bier.
„Und jetzt", sprach der Riese, „will ich eins der Kinder essen."
„Willst du nicht erst ein wenig Musik hören?" fragte des Riesen Frau.
„Na, los", sprach der Riese, „worauf wartest du?"
Die Frau rannte die Stufen hinauf und wieder hinunter. Als er unter dem Topfdeckel hervorblinzelte, sah Jack, daß sie diesmal eine wunderschöne Harfe vor den Riesen auf den Tisch stellte.
„Spiel", befahl der Riese.
Und auf der Stelle fing die Harfe an zu spielen, ohne daß irgend jemand sie berührt hätte.
Der Riese schüttete einen weiteren Humpen Bier hinunter.
„Ich gehe zu Bett", sprach seine Frau.
Der Riese beachtete sie nicht. „Spiel!" befahl er abermals. Und sofort spielte die Harfe eine andere Melodie. „Ei, das ist ein feines Gerät", dachte Jack bei sich. „Es ist bei weitem zu gut für dieses Ungeheuer."
Der Riese lauschte und lallte indessen in seinem Stuhl. Der Klang der Harfe betörte ihn und zog schwer an seinen Lidern. Schließlich fing er an zu schnarchen.
Als der Morgen graute, hob Jack vorsichtig den Deckel und kletterte behende aus dem Kupferkessel. Leichtfüßig schwang er sich vom Regal, schlich zum Tisch und langte nach der Harfe.
„Meister!" trällerte da das Instrument. „Meister! Meister!"
Der Riese öffnete ein trübes Auge.
Auf der Stelle griff Jack nach der Zauberharfe und rannte die Steintreppe hinauf. Halbblind vom Bier und von der Müdigkeit, torkelte der Riese hinterher.
„Ha", brüllte der Riese. „Da haben wir dich. Du Hühnerdieb, du Goldgrapscher und Harfenhäscher. Ich werde dich durch den Fleischwolf drehen, du Wicht!"
Doch dem tobenden und fluchenden Riesen gelang

es nicht, Jack einzuholen, denn immer wieder taumelte und stürzte er.
Jack rannte den ganzen Weg zum Bohnenstock, so schnell er konnte. Und während er noch halb kletternd, halb rutschend hinunterstieg, schrie er schon: „Eine Axt! Eine Axt! Bringt mir eine Axt!"
Martha hörte ihren Sohn. Sie rannte ins Haus und holte seine Axt.
„Vorsicht!" schrie Jack. Er sprang die letzten Meter hinunter, warf seiner Mutter die Harfe zu und begann auf den Stamm des Bohnenstocks einzuhacken.
Der Riese hatte gerade mit dem Abstieg begonnen. Als Jack den Stamm durchschlug, stürzte er den Himmel hinab in den Garten des Häuschens – und war auf der Stelle tot.
Und so endete der Riese und mit ihm auch der Bohnenstock.

Die Feenharfe

In der Nähe des Selena-Hochmoors lebte William Noy, ein Bauer, den jedermann in der Umgebung gerne mochte. Am Abend des Johannistags ging er ins Gasthaus im Nachbarort, um für seine Leute für den nächsten Tag Bier zu bestellen. Als er am Morgen noch immer nicht zu Hause war, begannen sie sich um ihn zu sorgen.

Die Männer suchten drei Tage lang nach ihm, bis sie schließlich, eine halbe Meile von seinem Hof entfernt, Hundegeheul und Pferdewiehern hörten. Sie begaben sich immer tiefer in das Moor und fanden schließlich in einem Dickicht Williams Pferd und die Hunde. Als sie sie losbanden, führten die Hunde sie zu einem windschiefen Schuppen, vor dem sie den schlafenden William fanden. Nachdem er zu sich gekommen war, begann er zu erzählen, was ihm widerfahren war: Auf dem Rückweg vom Gasthaus hatte er eine Abkürzung über das Moor gesucht und sich verirrt. Er war viele Meilen durch eine Gegend gewandert, die ihm völlig unbekannt war. Schließlich bemerkte er in der Ferne Licht und hörte Harfenklänge. Er lief darauf zu, aber das Pferd und die Hunde wollten ihm nicht folgen, so band er sie an einem Strauch fest. Dann kam er durch einen wunderschönen Obstgarten zu einem Haus, vor dem Hunderte von Menschen tanzten und um Tische saßen. Sie waren alle kostbar gekleidet. Aber sie schienen ihm kleiner als normale Menschen. Ganz in seiner Nähe saß ein weißgekleidetes Mädchen, größer als die anderen, und spielte auf einer Harfe. Zu ihren schönen Melodien tanzten die kleinen Leute und machten dabei die wunderlichsten Sprünge. Bald rief die Harfenspielerin einen Alten herbei, der statt ihrer weiterspielte, ging ins Haus und holte einen frischen Krug Bier für die Gesellschaft. William, der gerne tanzte und auch gerne ein Glas Bier getrunken hätte, näherte sich dem Haus, aber das Mädchen sah ihn an und bedeutete ihm zurückzubleiben.

Dann kam sie geradewegs auf ihn zu und sagte: „Folge mir in den Obstgarten."

Sie ging ihm voran zu einem versteckten Plätzchen, und auf einmal erkannte er Grace, die vor vielen Jahren seine Braut war und die alle für tot gehalten hatten.

„Danke den Sternen, William", sagte sie, „daß ich dich warnen konnte, sonst wäre es dir ergangen wie mir, und du wärst jetzt einer der kleinen Leute."

William wollte ihre Hand nehmen, doch sie bat ihn inständig, sie nicht zu berühren, keine Frucht zu essen und keine Blume zu pflücken, wenn er seine Heimat je wiedersehen wollte. „Denn es war mein

Verderben, daß ich eine der verlockenden Pflaumen in diesem Zaubergarten gegessen habe", sagte sie.
„Man glaubte, ich sei im Moor umgekommen, aber was man fand und statt meiner begrub, war nur ein Trugbild."
Dann mußte Grace zur Gesellschaft zurück, weil die kleinen schrillen Stimmen ungeduldig riefen: „Grace, Grace, bring uns Bier und Most, rasch, rasch."
Als sie zurückkam, erzählte Grace ihm, wie sich alles zugetragen hatte. Eines Abends bei Dämmerung suchte sie im Selena-Moor ein verirrtes Schaf, als sie auf der anderen Seite des Moors Williams Hunde hörte und den Weg zu ihm abkürzen wollte. Das Farngestrüpp wurde höher und höher, und sie lief Stunde um Stunde weiter und fand den Rückweg nicht mehr. Schließlich kam sie zu einem Obstgarten, aus dem Harfenmusik erklang, aber obwohl die Musik ganz nah war, wanderte sie immer weiter, ohne aus dem Garten herauszukommen. Hunger und Durst quälten sie, und so pflückte sie von einem Baum eine schöne goldgelbe Pflaume. In ihrem Munde wurde sie augenblicklich zu bitterem Wasser, und Grace fiel ohnmächtig zu Boden. Als sie wieder zu sich kam, war sie umringt von kleinen Leuten, die lachten und in die Hände klatschten. Sie freuten sich, daß sie nun jemanden hatten, der für sie backen und Bier brauen würde und für ihre Säuglinge sorgen konnte, von denen viele nicht überlebten, weil sie nicht mehr so kräftig waren wie in den alten Tagen.
„Das Leben der kleinen Leute ist anders als das der Menschen", sagte Grace. „Sie haben weder Verstand noch Gefühl und leben nur in der Erinnerung an die Freuden, die sie als Sterbliche erlebt haben, vor Tausenden von Jahren. Und was hier wie saftige Äpfel und andere köstliche Früchte erscheint, sind nichts weiter als Schlehen und Holzäpfel."
William fragte sie, ob häufig Feenkinder geboren werden, und Grace antwortete: „Es kommt sehr selten vor, doch dann herrscht großer Jubel, weil alle Feenmänner, egal wie alt und krumm sie sind, sich für den Vater halten, denn du mußt wissen, sie haben eine andere Religion. Sie beten die Sterne an und leben nicht ihr langes Leben in Paaren zusammen wie Christenmenschen."
Als Grace ein weiteres Mal weggerufen wurde, beschloß William, sie zu retten. Er zog seine Handschuhe aus, drehte das Innere nach außen und warf sie mitten unter das kleine Volk.
Augenblicklich war alles verschwunden wie ein Spuk, die kleinen Leute und Grace mit ihnen, und William befand sich in einem alten verwilderten Garten. Er spürte einen harten Schlag auf den Kopf und stürzte zu Boden.
Nach dieser Begebenheit verlor William wie viele andere Besucher im Feenland jedes Interesse am Leben.

Butterblume

Vor einigen Jahren lebte in Bosfrancan in St. Burien ein Bauer, der hatte eine sehr schöne, rote Kuh, die hieß Butterblume. Die Kuh war immer glatt und rund und hatte Milch von einem Kalben bis zum anderen. Ihr Euter war so groß wie ein Eimer, aber nie gab sie mehr Milch als etwa viereinhalb Liter, obwohl man deutlich sehen konnte, daß sie noch die doppelte Menge besaß. Ganz plötzlich, wenn das Melken in vollem Gange war, pflegte sie sanft zu blöken, spitzte die Ohren, und im gleichen Augenblick blieb die Milch weg. Wenn die Magd danach versuchte noch etwas mehr zu bekommen, fing die Kuh an auszuschlagen, stieß den Eimer um, verschüttete die Milch, stand aber dann stocksteif und begann wiederzukäuen. Jedermann hätte die Kuh für verhext gehalten, wäre sie nicht immer dick und rund geblieben und hätte sie sich nicht das ganze Jahr hindurch melken lassen. Außerdem geriet dem Bauer sonst alles aufs beste, und alle anderen Kühe gaben mehr Milch als irgendeine der Nachbarn. Keiner wußte zu sagen, was mit Butterblume eigentlich los war. Sie wollten sie zum Markt treiben, um sie loszuwerden, aber alle Männer konnten sie nicht dahinbringen. So schnell man sie den einen Weg heraufführte, so geschwind war sie auf dem anderen schon wieder hinunter und zurück ins Feld gelaufen, bevor die Männer nur halbwegs wieder daheim waren.

Eines Mittsommerabends war die Magd später als gewöhnlich am Melken, da sie erst noch in der Nachbarstadt beim Tanz gewesen war. Die Sterne fingen schon an zu funkeln, als sie mit ihrer Arbeit fertig war. Butterblume war die letzte Kuh, die sie gemolken hatte, und der Eimer war so voll, daß sie ihn kaum auf den Kopf heben konnte. Bevor die Magd von ihrem Melkschemel aufstand, rupfte sie sich eine Handvoll Gras und Klee, um damit ihren Hut zu füllen und den Eimer sicherer tragen zu können. Kaum hatte sie den Hut auf ihren Kopf gesetzt, als sie Hunderte und Tausende von Elfen in allen Richtungen um die Kuh herumschwärmen sah, und sie stippten ihre Hände in die Milch, schöpften sie mit Kleeblüten heraus und saugten sie auf. Gras und Klee in voller Blüte reichten bis an den Leib der Kuh. Hunderte der kleinen Geschöpfe kletterten an den langen Grashalmen und Kleestengeln, an Hahnenfuß, Kuckucksblumen, Winden- und Fingerblüten hinauf, um die Milch aufzufangen, die die Kuh aus ihren vier Zitzen wie einen Regenschauer strömen ließ. Gerade unter dem Euter der Kuh sah die Magd einen, der viel größer als die andern war, auf dem Rücken liegen. Es mußte ein Haulemännchen sein; denn wenn es lachte, zog sich sein Mund von einem Ohr zum andern. Die Elfen eilten auf und ab, füllten ihre Becher und leerten sie aus in den Mund des Haulemännchens. Andere saßen zu Hunderten auf Butterblumes Rücken, kratzten ihr die Kruppe und kitzelten sie an den Hörnern und hinter den Ohren. Andere streichelten ihr blankes Fell.

Die Magd war gar nicht so sehr erschrocken, als sie das alles sah; denn oft hatte sie von den Elfen gehört und sich geradezu gewünscht, sie zu sehen. Stundenlang hätte sie dableiben und ihren Tänzen um den Klee zuschauen können.

Die Kühe waren auf einem Feld dicht unterhalb des Hauses. Die Bäuerin kam heraus in den Garten zwischen dem Haus und dem Feld und rief nach dem Mädchen, um zu hören, warum es so lange ausblieb. Als die Magd erzählte, was sie gesehen hatte, sagte ihr die Bäuerin, sie könne ihr nicht glauben, es sei denn, sie hätte ein vierblättriges Kleeblatt gefunden. Da erinnerte sich das Mädchen an die Handvoll Gras in ihrem Hut. Sie besah es beim Kerzenlicht, fand ein Bündel dreiblättrigen Klee und einen Stengel mit vier Blättern. Sie wußte, es war nichts Seltsames, daß sie das kleine Volk gesehen hatte, aber sie bereute bald, daß sie der Bäuerin davon erzählt hatte, denn die überlegte gleich Mittel und Wege, um die Elfen schleunigst wieder loszuwerden und Butterblumes Milch ganz zu bekommen. Schließlich erzählte die Bäuerin ihrer Mutter Betty davon.

Die alte Betty lebte im Nachbarort. Sie wußte genau Bescheid über Hexen, Feen und derlei Dinge, und sie erzählte nun ihrer Tochter, daß das kleine Volk den Fischgeruch nicht ausstehen könne, sowenig wie Salz- oder Fettgeschmack. Sie riet also dazu, das Euter der Kuh mit salzigem Fischwasser einzureiben, um das kleine Volk davonzutreiben. Schön, die Bäuerin tat, wie ihr die Mutter geraten. Aber besser hätte sie es unterlassen. Von jenem Tage an gab Butterblume ihre volle Milch her, aber sie hatte nicht halb, nicht ein Viertel soviel wie vorher. Und jeden Abend, sobald die Sterne zu blinken anfingen, ging die Kuh um die Felder herum und brüllte und schrie so jämmerlich, als ob sie ihr Kalb verloren hätte. Sie wurde räudig und magerte vor dem nächsten Viehmarkt zu Haut und Knochen ab und mußte an den ersten besten für einen Spottpreis verkauft werden. Ich weiß nicht, was später mit ihr wurde. Doch dem Bauern wollte nichts Rechtes mehr glücken, nachdem seine Frau das kleine Volk verjagt hatte.

BINSENKAPPE

Also, da war einmal ein reicher Herr, und der hatte drei Töchter. Und er dachte, er wolle doch herausfinden, wie gern sie ihn hatten. Also sagte er zu der ersten: „Mein Herz, wie sehr liebst du mich?“ - „Nun“, sagte sie, „so sehr, wie ich mein Leben liebe.“ - „So ist's gut“, sagte er.

Dann sagte er zu der zweiten: „Wie sehr liebst du mich, mein Herz?“ - „Nun“, sagte sie, „mehr als alles auf der Welt.“ - „So ist's gut“, sagte er.

Dann sagte er zu der dritten: „Und wie sehr liebst du mich, mein Herz?“ - „Nun“, sagte sie, „ich liebe dich so, wie frisches Fleisch das Salz liebt.“ Na, da war er aber böse.

„Du liebst mich überhaupt nicht“, sagte er, „und in meinem Haus sollst du nicht länger bleiben.“ So jagte er sie auf der Stelle hinaus und schlug ihr die Tür vor der Nase zu.

Sie ging fort, weiter und weiter, bis sie an einen Sumpf kam. Und da sammelte sie eine Menge Binsen und machte daraus eine Art Umhang mit einer Kapuze, der sie von Kopf bis Fuß einhüllte und ihre feinen Kleider verbarg. Und dann ging sie weiter und weiter, bis sie zu einem großen Haus kam.

„Braucht ihr keine Magd?“ fragte sie.

„Nein, wir brauchen keine“, sagten sie.

„Ich weiß nicht, wo ich hingehen soll“, sagte sie, „und ich verlange keinen Lohn und tue alle Art von Arbeit.“

„Gut“, sagten sie, „wenn du gern Töpfe wäschst und Tiegel auskratzt, kannst du bleiben.“

So blieb sie da und wusch Töpfe und kratzte Tiegel aus und machte alle schmutzige Arbeit. Und weil sie ihren Namen nicht nannte, riefen sie sie Binsenkappe.

Nun, eines Tages sollte da in der Nähe ein großes Tanzfest sein, und man ließ die Dienerschaft hingehen und den feinen Leuten zusehen. Binsenkappe sagte, sie sei zu müde, mitzugehen, und so blieb sie zu Haus.

Aber als sie gegangen waren, nahm sie ihre Binsenkappe ab, wusch sich und ging zu dem Tanz. Und da war keine so fein gekleidet wie sie.

Und wer war da anderer als der Sohn ihres Herrn, und er verliebte sich in dem gleichen Augenblick, in dem er sie sah! Er wollte mit keiner anderen tanzen. Aber noch ehe der Tanz aus war, trat sie heraus und lief fort, nach Hause. Und als die anderen Mägde zurückkamen, hatte sie ihre Binsenkappe an und tat, als ob sie schliefe.

Am nächsten Morgen sagten sie zu ihr: „Du hast etwas Schönes verpaßt, Binsenkappe!“

„Und was war das?“ fragte sie.
„Nun, die feinste Dame, die du je gesehen hast, und sie war ganz prächtig und schön gekleidet. Der junge Herr, der ließ sie gar nicht aus den Augen.“
„Ach, ich hätte sie gern gesehen“, sagte Binsenkappe.
„Heute abend soll noch einmal Tanz sein, und vielleicht ist sie da.“
Aber als der Abend kam, sagte Binsenkappe, sie sei zu müde, um mit ihnen zu gehen.
Dann aber, als sie gegangen waren, tat sie ihre Binsenkappe herunter, wusch sich und ging fort zu dem Tanz.
Der Sohn des Herrn hatte schon damit gerechnet, sie zu sehen, und er tanzte mit keiner anderen und ließ sie nicht aus den Augen.
Aber noch ehe der Tanz vorüber war, schlüpfte sie davon und lief nach Hause, und als die Mägde zurückkamen, hatte sie ihre Binsenkappe an und tat, als ob sie schliefe.
Am nächsten Tag sagten sie wieder zu ihr:
„Nun, Binsenkappe, du hättest da sein und die Dame sehen sollen. Sie war wieder da, prächtig und schön, und der junge Herr ließ sie keine Sekunde aus den Augen.“
„Ach“, sagte sie, „da hätte ich sie gern gesehen.“
„Nun“, sagten sie, „da ist noch einmal Tanz heute abend, und du mußt mit uns gehen, denn sie wird sicher da sein.“
Nun, als der Abend kam, sagte Binsenkappe, sie sei zu müde, um mitzugehen, und sie mochten tun, was sie wollten, sie blieb zu Hause. Aber als sie gegangen waren, tat sie ihre Binsenkappe herunter und wusch sich und ging fort zu dem Tanz.
Der Sohn des Herrn war schrecklich froh, als er sie sah. Er tanzte mit keiner außer ihr und ließ sie gar nicht aus den Augen. Als sie ihm nicht sagen wollte, wie sie hieß und woher sie kam, gab er ihr einen Ring und sagte zu ihr, wenn er sie nicht wiedersehen könnte, würde er sterben.
Nun, noch ehe der Tanz aus war, schlüpfte sie davon und lief nach Hause, und als die Mägde heimkamen, hatte sie ihre Binsenkappe an und tat, als ob sie schliefe.
Nun, am nächsten Tag sagen sie zu ihr: „Da hast du’s, Binsenkappe, du bist letzten Abend nicht gekommen, und jetzt wirst du die Dame nicht sehen, denn es gibt keinen Tanz mehr.“
„Ja, ich hätte sie schrecklich gern gesehen“, sagte sie.
Der Sohn des Herrn versuchte alles, um herauszufinden, wo die Dame hingegangen war, aber wohin er auch ging und wen er auch fragte, nirgends erfuhr er etwas von ihr.
Und aus Liebe zu ihr ging es ihm schlechter und schlechter, bis er im Bett bleiben mußte.
„Bereite eine Hafersuppe für den jungen Herrn“, sagten sie zur Köchin, „er wird noch sterben aus lauter Liebe zu der Dame.“ Die Köchin machte sich an die Arbeit, da kam Binsenkappe herein.

„Was machst du da?“ fragte sie.
„Ich bereite gerade Hafersuppe für den jungen Herrn“, sagte die Köchin, „er wird noch sterben aus lauter Liebe zu der Dame.“
„Laß mich sie bereiten“, sagte Binsenkappe.
Nun, die Köchin wollte zuerst nicht, aber schließlich sagte sie ja, und Binsenkappe bereitete die Hafersuppe. Und als sie sie kochte, ließ sie heimlich den Ring hineingleiten, bevor die Köchin die Suppe hinauftrug.
Der junge Mann, der trank und sah den Ring auf dem Boden. „Schickt nach der Köchin“, sagte er. Sie kommt also herauf.
„Wer hat die Hafersuppe da gekocht?“ fragte er.
„Ich war's“, sagte die Köchin, denn sie hatte Angst. Und er sah sie an.
„Nein, du warst es nicht“, sagte er. „Sag, wer es war, und es soll dir kein Leid geschehen.“
„Nun denn, es war Binsenkappe“, sagte sie.
„Schick Binsenkappe her“, sagte er.
Binsenkappe kam also.
„Hast du die Hafersuppe gekocht?“ fragte er.
„Ja, ich war's“, sagte sie.
„Woher hast du diesen Ring?“ fragte er.
„Von dem, der ihn mir gab“, sagte sie.
„Wer aber bist du denn?“ fragte der junge Mann.
„Ich will es dir zeigen“, sagte sie. Und sie tat ihre Binsenkappe herunter, und da stand sie in ihren schönen Kleidern.
Nun, der Sohn des Herrn wurde sehr schnell gesund, und sie sollten in kurzer Zeit heiraten. Es sollte eine große Hochzeit sein, und von nah und fern wurde jedermann dazugebeten. Und Binsenkappes Vater wurde auch dazugebeten. Aber keinem sagte sie jemals, wer sie war.
Aber vor der Hochzeit ging sie zu der Köchin und sagte: „Ich möchte, daß du alle Gerichte ohne ein Körnchen Salz bereitest.“
„Das wird aber ganz scheußlich sein“, sagte die Köchin.
„Das hat nichts zu sagen“, sagte sie. – „Nun gut“, sagte die Köchin.
Nun, der Hochzeitstag kam heran, und sie heirateten. Und als sie verheiratet waren, setzte sich die ganze Gesellschaft zu den Speisen. Als sie anfingen, das Fleisch zu essen, war das so ohne Geschmack, daß sie es nicht essen konnten. Binsenkappes Vater aber, der versuchte erst das eine Gericht und dann das andere, und dann brach er in Weinen aus.
„Was ist los?“ fragte der Sohn des Herrn.
„Oh!“ sagte er, „ich hatte eine Tochter. Und ich fragte sie, wie sehr sie mich liebe. Und sie sagte: ‚So sehr, wie frisches Fleisch das Salz liebt.‘ Und ich schickte sie fort von meiner Tür, denn ich dachte, sie liebt mich nicht. Und jetzt sehe ich, daß sie mich am meisten von allen geliebt hat. Und vielleicht ist sie nun tot, und ich weiß es nicht.“
„Nein, Vater, sie ist hier“, sagte Binsenkappe.
Und sie ging hin zu ihm, legte ihm ihre Arme um den Hals. Und so waren sie glücklich allezeit.

Der begrabene Mond

Vor langer Zeit gab es im Moor von Lincolnshire heimtückische Sümpfe, und es war lebensgefährlich, nachts hindurchzugehen, außer in Vollmondnächten, denn Leid und Unglück und Verhängnis, Kobolde und Geister der Toten und Schreckgespenster trauten sich nur in dunklen Nächten heraus, wenn der Mond nicht schien. Schließlich erfuhr Frau Mond, was im Moor vor sich ging, wenn sie ihm den Rücken zudrehte, und so beschloß sie, selbst einmal hinunterzugehen, um nach dem Rechten zu sehen. Als der Monat um war, hüllte sie sich in ihren schwarzen Umhang, verbarg ihr schimmerndes Haar unter der schwarzen Kapuze und ging hinunter in die Sümpfe. Es war dort dunkel und naß, der Schlamm gluckerte bei jedem Schritt und Grasbüschel wiegten sich im Wind, und es war rabenschwarze Nacht, sie sah nur das Licht, das von ihren weißen Füßen auf den Boden fiel. Sie ging immer tiefer in das Moor, und plötzlich ritten Hexen auf ihren Riesenkatzen an ihr vorbei, und die Irrlichter tanzten mit ihren Laternen auf dem Rücken, und die toten Geister stiegen aus dem Wasser und starrten sie mit bösen Augen an und griffen mit ihren glitschigen Händen nach ihr. Aber sie ging immer weiter, von Grasbüschel zu Grasbüschel, leicht wie der Sommerwind, bis schließlich unter ihrem Fuß ein Stein wegrollte. Sie griff mit beiden Händen nach einem knorrigen Ast, aber sobald sie ihn berührte, schloß er sich fest um ihre Hände wie eine Fessel. Sie riß und zerrte, aber sie kam nicht mehr frei. Auf einmal hörte sie einen herzzerreißenden Schrei und wußte, daß ein Mensch in Not war, und da sah sie ihn durch den Sumpf den Irrlichtern nachlaufen. Er bat sie anzuhalten, während schon die toten Hände an seinem Mantel zerrten und die Schreckgespenster in einschlossen. So kam er immer weiter vom sicheren Weg ab.

Frau Mond war so aufgebracht und traurig, daß sie sich mit einem heftigen Ruck zu befreien versuchte. Wenn sie auch ihre Hände nicht losreißen konnte, so rutschte ihr doch die Kapuze vom Kopf, und von ihrem schönen goldenen Haar strömte helles Licht, so daß der arme Mann die Sumpflöcher und den sicheren Pfad in der Ferne sehen konnte wie am hellen Tag. Augenblicklich flohen die Kobolde und Geister vor dem Licht und behelligten ihn nicht mehr, bis er in Sicherheit war. Aber Frau Mond kam trotz aller Anstrengung nicht frei, sank ermattet auf den Boden, und die Kapuze fiel zurück über ihren Kopf, und alles

war wieder dunkel. Da kamen all die bösen Kreaturen zurück und lachten und kreischten, denn sie freuten sich, daß ihre Feindin endlich in ihrer Gewalt war. Sie überlegten und stritten die ganze Nacht, wie sie sie am besten töten könnten. Als schließlich der Morgen graute, bekamen sie Angst und schoben sie zurück ins Wasser. Während die toten Geister sie festhielten, rollten die Kobolde einen großen Stein über sie. Die Irrlichter mußten abwechselnd bei ihr Wache halten. Und als es heller Tag war, hatten sie Frau Mond so gut versteckt, daß niemand sie hätte finden können.

Die Tage vergingen, die Leute steckten sich Stroh in die Mützen und Geld in die Tasche, wie es bei Neumond Brauch ist, aber kein Mond kam.

Eine finstere Nacht nach der anderen verging, und die Kobolde und Geister krochen mit Heulen und Stöhnen aus den Sümpfen bis zu den Häusern der Menschen, so daß niemand sich mehr nachts aus der Tür traute. Schließlich wachten die Menschen die ganze Nacht an ihren Herdfeuern aus Angst, sie könnten ausgehen und die bösen Wesen über ihre Schwelle kommen.

Eines Tages gingen sie zu der weisen Frau, die in der alten Mühle wohnte, und fragten sie, was mit Frau Mond geschehen sei. Sie schaute in ihren Spiegel und ihren Brautopf und in ihr Buch, aber alles blieb dunkel. So riet sie ihnen, nachts Stroh und Salz und einen Knopf auf ihre Türschwellen zu legen, um sich vor den Schreckgespenstern zu schützen, und wieder zu ihr zu kommen, wenn sie etwas Neues erfahren würden.

Natürlich redeten die Leute an ihren Herdfeuern und am Zaun und im Dorf, und eines Tages, als sie auf der Bank vor dem Gasthaus saßen, rief plötzlich ein Mann, der weit draußen bei den Sümpfen wohnte, aus: „Ich glaube, ich weiß, wo Frau Mond ist. Warum bin ich nur nicht früher darauf gekommen!" Und er erzählte, wie er sich im Moor verirrt hatte, und wie plötzlich in der größten Gefahr ein helles Licht ihm den Heimweg gewiesen hätte. Da gingen alle zur weisen Frau und erzählten ihr, was der Mann gesagt hatte. Die weise Frau blickte in ihr Buch und in ihren Topf und schließlich sah sie einen kleinen Lichtschein und sagte ihnen, was sie tun mußten. Sie sollten alle zusammen in der Nacht ins Moor gehen, mit einem Stein im Mund und einem Haselzweig in der Hand, und keiner dürfe ein Wort sagen, bis sie wieder zu Hause seien. Sie sollten immer weitergehen, bis sie einen Sarg und einen Stein und eine Kerze fänden, und dort würden sie Frau Mond finden. Sie hatten natürlich alle große Angst, aber trotzdem machten sie sich gleich in der folgenden Nacht auf den Weg.

Sie gingen tiefer und tiefer ins Moor. Sehen konnten sie nichts, aber sie hörten um sich herum ein Seufzen und Wispern, und glitschige Hände griffen nach ihnen, doch zitternd und bebend setzten sie ihren Weg fort. Plötzlich standen sie vor einem großen Stein, der aussah wie ein Sarg. An seinem Ende stand ein toter Baumstumpf, der zwei Äste ausstreckte, wie zu einem Kreuz, und darauf flackerte ein unruhiges Licht. Da knieten sie alle nieder, bekreuzigten sich und beteten ein Vaterunser, einmal vorwärts für ihr Seelenheil und einmal rückwärts gegen die bösen Geister, aber stumm, denn sie durften ja nicht sprechen. Dann hoben sie mit vereinten Kräften den Stein und sahen für einen Moment ein wunderschönes Gesicht, bis sie, vom hellen Licht geblendet, zurücktraten. Mit schrillem Geheul flohen alle Kobolde und bösen Geister in ihre Löcher, und im nächsten Moment stand der Mond hell und strahlend am Himmel, so daß sie ihren Heimweg fanden wie bei Tage.

Und seit diesem Tag scheint Frau Mond über dem Moor besonders hell, denn sie weiß, daß dort all die schrecklichen Unwesen versteckt sind, und erinnert sich voller Dankbarkeit daran, wie die Moorbewohner sie befreit haben, als sie tot und begraben war.

Tom Däumling

Zu der Zeit, als der große König Artus noch über ganz England herrschte, lebte auch ein mächtiger Zauberer namens Merlin. Merlin, der oft als Bettler verkleidet durch das Land zog, hielt eines Tages vor der Hütte eines armen Bauern an und bat um ein Stück Brot. Der Bauer war eben erst müde von des Tages Arbeit zurückgekehrt, doch hieß er den Fremden freundlich willkommen und lud ihn ein, sich zu setzen und mit ihnen ihr bescheidenes Mahl zu teilen.
Merlin bemerkte bald, daß der Bauer und seine Frau nicht glücklich waren, obwohl sie in einem gemütlichen Häuschen lebten und auch genug zu essen hatten.
So fragte er sie: „Warum seid ihr so betrübt? Fehlt euch etwas?“
„Ach“, seufzte die Frau, „mein Mann und ich leben hier nun schon seit beinahe zwanzig Jahren recht glücklich und zufrieden, doch wir haben kein Kind, und das betrübt uns sehr. Oh, wie ich mir doch wünsche, einen Sohn zu haben, und wäre er auch nicht größer als der Daumen meines Mannes. Es würde mir nichts ausmachen, solange ich ihn nur mein eigen nennen und für ihn sorgen könnte!“
Darauf entgegnete der Bettler nichts und verabschiedete sich bald danach von seinen Gastgebern, doch blieben ihm die Worte der armen Frau im Gedächtnis, und er beschloß, ihren Herzenswunsch zu erfüllen. So brachte es Merlin durch seine Zauberkräfte zuwege, daß die Frau des Bauern einen kleinen Jungen bekam, der nicht größer war als der Daumen seines Vaters. Seine Eltern liebten ihn von Herzen und gaben ihm den Namen Tom Däumling, denn er wuchs noch nicht einmal ein paar Zentimeter, sondern blieb immer ganz genauso groß wie der Daumen seines Vaters.
In einer Vollmondnacht begab es sich zufällig, daß die Feenkönigin durch das Fenster der kleinen Hütte schaute und Tom Däumling erblickte. Sie flog hinein und küßte ihn auf die Stirn und befahl dann sogleich ihren Feen, Kleider für ihn anzufertigen. Die Feen nähten Tom ein Hemd aus feingewobenem Spinnennetz, ein Wams aus Distelflaum, Hosen aus fedrigen Daunen, Strümpfe aus Apfelschalen und ein winziges Paar Schuhe aus Mäusefell, mit dem weichen Fell nach innen, und zum Schluß noch eine Eichenblattkappe. Die Kleider trug Tom nun im Sommer wie im Winter.
Als Tom etwas älter war, wurde er nie müde, neue Streiche auszuhecken. Tom und die anderen Jungen aus dem Dorf vertrieben sich gerne die Zeit mit Kirschkernspucken, und immer wenn Tom keine

eigenen Kirschkerne mehr hatte, kroch er flugs in die Taschen der anderen Jungen und stibitzte deren Steine. Doch einmal, gerade als Tom seinen Kopf in die Tasche eines besonders scharfsichtigen Burschen steckte, entdeckte ihn dieser und zog schnell die Schnur der Tasche so fest zu, daß Tom in der Schlinge vor Schmerz laut aufheulte.

„Das geschieht dir recht, Tom Dieb!“ sagte der Junge.

„Ich werde nie wieder stehlen!“ schrie Tom. „Laß mich bitte raus, und ich werde es nie wieder tun!“ Daraufhin wurde Tom freigelassen und stahl – wenigstens für eine Zeitlang – keine Kirschkerne mehr.

Tom war so klein, daß sogar seine Mutter, obwohl er doch ihr Augapfel war, ihn manchmal aus den Augen verlor, vor allem wenn sie sehr beschäftigt war. Eines Tages bereitete sie einen Mehlpudding zu und mußte nur für einen Moment die Küche verlassen. Währenddessen kletterte Tom an der Schüssel hoch, weil er sehen wollte, was darin war. Doch oben angekommen rutschte er aus und fiel plumps! mitten in den Teig hinein.

Seine Mutter kam zurück, füllte den Teig in die Puddingform und setzte diese zum Kochen auf den Ofen. Toms Mund war so voller Teig, daß er nicht laut um Hilfe rufen konnte, aber er schlug heftig um sich.

„Wie seltsam“, sagte Toms Mutter, „ich glaube doch wahrhaftig, daß dieser Pudding verhext ist. Ein böser Geist muß in ihn gefahren sein, und jetzt ist er nichts mehr wert.“

Mit diesen Worten warf sie den Pudding kurzerhand aus dem Fenster, gerade als ein armer Kesselflicker an der Hütte vorbeiging. Der steckte den Pudding in seine Reisetasche, denn er war hungrig und freute sich über die schöne Mahlzeit. Mittlerweile hatte Tom es aber geschafft, den Teig aus seinem Mund herauszubekommen, und schrie nun aus Leibeskräften.

„O weh“, dachte der Kesselflicker, „was habe ich mir da bloß eingebrockt? Wahrscheinlich einen bösen Geist, der mich bestrafen will, weil ich den Pudding eingesteckt habe.“

Ohne auch nur noch ein einziges Mal in seine Tasche zu blicken, schüttete er den gesamten Inhalt – den Pudding, Tom und alles, was sonst noch darin war – auf den Weg und machte sich davon. Tom mußte sich recht ordentlich schütteln und klopfen, bis der ganze Teig von seinen Kleidern abgefallen war, dann hob er seine Eichenblattkappe auf, die ein wenig abseits lag, und lief so schnell er konnte nach Hause. Seine Mutter war überglücklich, ihn wieder bei sich zu haben, wusch ihn gründlich in einer Teetasse mit warmem Wasser, herzte ihn und brachte ihn zu Bett.

Am nächsten Tag nahm die Mutter Tom mit auf das Feld, weil sie die Kuh melken wollte. Es war recht windig, und da sie befürchtete, daß Tom vom Winde fortgeweht werden könnte, band sie ihn vorsichtshalber an einer Distel fest. Bald bemerkte die Kuh das Eichenblatt in der Distel und verschlang das schmackhafte Häppchen mitsamt dem armen Tom. Voller Angst vor den riesengroßen mahlenden Zähnen im Maul der Kuh rief Tom, so laut er konnte:

„Hilfe, Mutter! Hilfe, Hilfe!"

„Wo bist du?" rief seine Mutter, sprang von ihrem Melkschemel auf und schaute sich nach der Distel um, an die sie ihren Sohn gebunden hatte.

„Hier!" schrie Tom. „Hier drin, im Maul der Kuh!"

Die Kuh war so erstaunt, plötzlich eine schrille Stimme aus ihrem eigenen Maule zu hören, daß ihr die Kiefer unvermittelt aufklappten, und Tom fiel heraus. Glücklicherweise fing Toms Mutter ihn gerade noch rechtzeitig in ihrer großen Schürze auf.

Tom erlebte sein nächstes Abenteuer, als er das Vieh mit einer Peitsche über das Feld trieb, die ihm sein Vater aus Gerstenhalmen angefertigt hatte. Auf dem unebenen Boden rutschte er aus und fiel in eine Furche. Noch bevor Tom sich wieder erheben konnte, schoß ein großer schwarzer Rabe herunter und trug ihn in seinem Schnabel fort. Er flog eine weite Strecke, über Hügel und Täler hinweg, bis er das Meer erreichte - und da ließ er Tom fallen.

Weiter und weiter hinunter stürzte Tom Däumling, bis er zuletzt ins Wasser fiel. Im nächsten Augenblick verschlang ihn schnapp! ein riesiger Fisch mit weit aufgerissenem Rachen und schwamm in das weite Meer hinaus. Doch der Fisch verfing sich in einem Fischernetz und wurde am nächsten Tag an den Hof des großen Königs Artus gebracht. Als die Köchin den Fisch aufschnitt, um ihn für des Königs Mittagsmahl zuzubereiten, ja, wie erstaunt war sie da, mitten im Bauch des Fisches einen Däumling zu entdecken! Tom lebte und war gesund, obwohl er von diesem Abenteuer doch etwas mitgenommen war. Alle Küchenjungen und Mägde versammelten sich um den Tisch, um ihn zu bestaunen. Dann brachte ihn die Köchin zum König, und da stand Tom nun auf der königlichen Tafel, nahm seine Eichenblattkappe ab und verbeugte sich recht artig vor all den Damen und Rittern der Tafelrunde. Alle lachten, und so wurde Tom der Hofzwerg von König Artus und der Liebling aller. Man rätselte über seine Herkunft, nur Merlin, der dies Rätsel hätte lösen können, schwieg.

„Erzähle mir etwas über deine Eltern", sagte der König eines Tages zu Tom. „Sind sie so klein wie du selbst?"

„Aber nein", erwiderte Tom. „Mein Vater und meine Mutter sind arme Bauersleute, so wie die, die auf Euren Feldern arbeiten. Sie sind weder größer noch kleiner als andere, aber wahrscheinlich sind sie noch ärmer als die meisten."

„Wenn das so ist", entgegnete der König, der Tom sehr wohlgesonnen war, „dann geh in meine Schatzkammer und nimm dir soviel Gold und Silber, wie du tragen kannst, und bringe es deinen armen Eltern.

So stieg Tom hinunter in die Schatzkammer des Königs. Aber alles, was er in die Tasche hineinbekommen konnte, war eine kleine silberne Münze, und sogar diese war schon fast zu schwer für ihn. Mit dieser Last auf dem Rücken machte er sich auf den Weg nach Hause, und es dauerte zwei lange Tage und Nächte, bis er endlich sein Elternhaus erreichte. Toms Eltern waren über alle Maßen glücklich, ihren Sohn wiederzusehen. Sie kochten ihm seine Leibspeise und umsorgten ihn, denn er war fast zu Tode erschöpft von der Anstrengung. Seine Eltern waren sehr stolz auf die Silbermünze, die er ihnen mitgebracht hatte, besonders weil sie ein Geschenk des berühmten König Artus war. Tom erzählte oft bis tief in die Nacht von seinen Abenteuern bei Hofe und von den feinen Damen und Herren.

Nach einigen Wochen nahm er Abschied von seinen Eltern und kehrte zurück. Es würde zu lange dauern, von all den Abenteuern zu berichten, die Tom dann noch erlebte, aber zum guten Schluß wollen wir noch erzählen, wie König Artus Tom Däumling zu einem Ritter seiner Tafelrunde machte.

Als erstes mußte er neu eingekleidet werden, denn die alten Kleider, die Tom von der Feenkönigin erhalten hatte, waren im Laufe seiner Abenteuer im Pudding, dem Maul der Kuh und dem Rachen des Fisches ganz schäbig geworden. Auf Anordnung des Königs fertigten die Hofschneider Tom einen neuen Mantel aus Schmetterlingsflügeln an, und der königliche Schuster machte ihm ein Paar Stiefel aus Hühnerhaut. Dann wurde er vor dem versammelten Hofstaat zum Ritter geschlagen und erhielt eine Nadel als Schwert und eine rassige weiße Maus als Pferd. An schönen Tagen ritt er auf seiner Maus mit all den anderen Höflingen zur Jagd.

Der König ließ eigens für ihn einen Prunksessel anfertigen, so daß Tom an der königlichen Tafel sitzen und die Königin während der Mahlzeiten erfreuen konnte; außerdem erhielt er einen eigenen kleinen goldenen Palast mit einem ausladenden Eingangstor, das ganze zweieinhalb Zentimeter breit war.

Aber trotz all dieser auserlesenen Kostbarkeiten vergaß Sir Thomas Däumling, wie er jetzt genannt wurde, nie seine Eltern. Einmal im Monat ritt er auf seiner weißen Maus zu ihrer Hütte auf dem Lande und erfreute die alten Leute mit Geschichten über Ereignisse am Hofe von König Artus. So hatten der arme Bauer und seine Frau allen Grund, stolz auf den kleinen Sohn zu sein, der ihnen vor vielen Jahren durch die Zauberkräfte des großen Merlin geschenkt worden war, nachdem sie einen alten, zerlumpten Bettler bewirtet hatten.